川上信也

坊がつる山小屋日記

くじゅう法華院温泉の12カ月

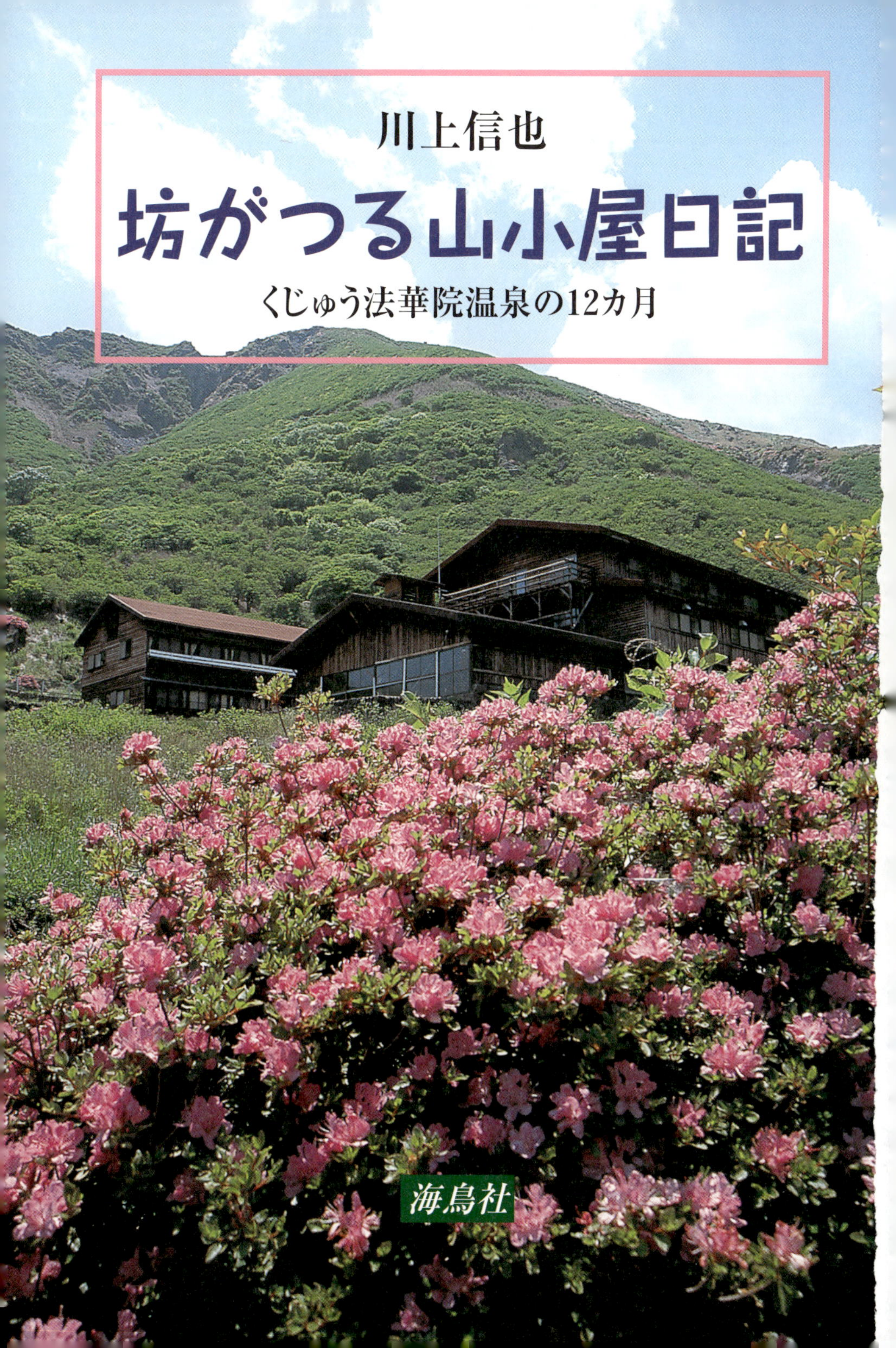

海鳥社

イラスト＝しきよしこ

長者原くじゅう登山口から峠を越えて歩くこと約２時間、四面を山々に囲まれ、高山植物の宝庫でもある坊がつる湿原を一望する標高１３０３メートルに法華院温泉山荘がある。くじゅうに魅せられてやって来る登山者たちの疲れを癒す山小屋として古くから親しまれてきた。

　本書は、この山荘で働きながらインターネットを通じて書き続けた著者の日記（２００１年７月～２００２年６月）をまとめたものである。

坊がつる山小屋日記●目次

夏

7月……18

8月……36

秋

9月……50

10月……66

冬

11月……82

12月……91

1月……101

2月……110

春

3月……116

4月……127

5月……133

6月……146

＊

あとがき 164

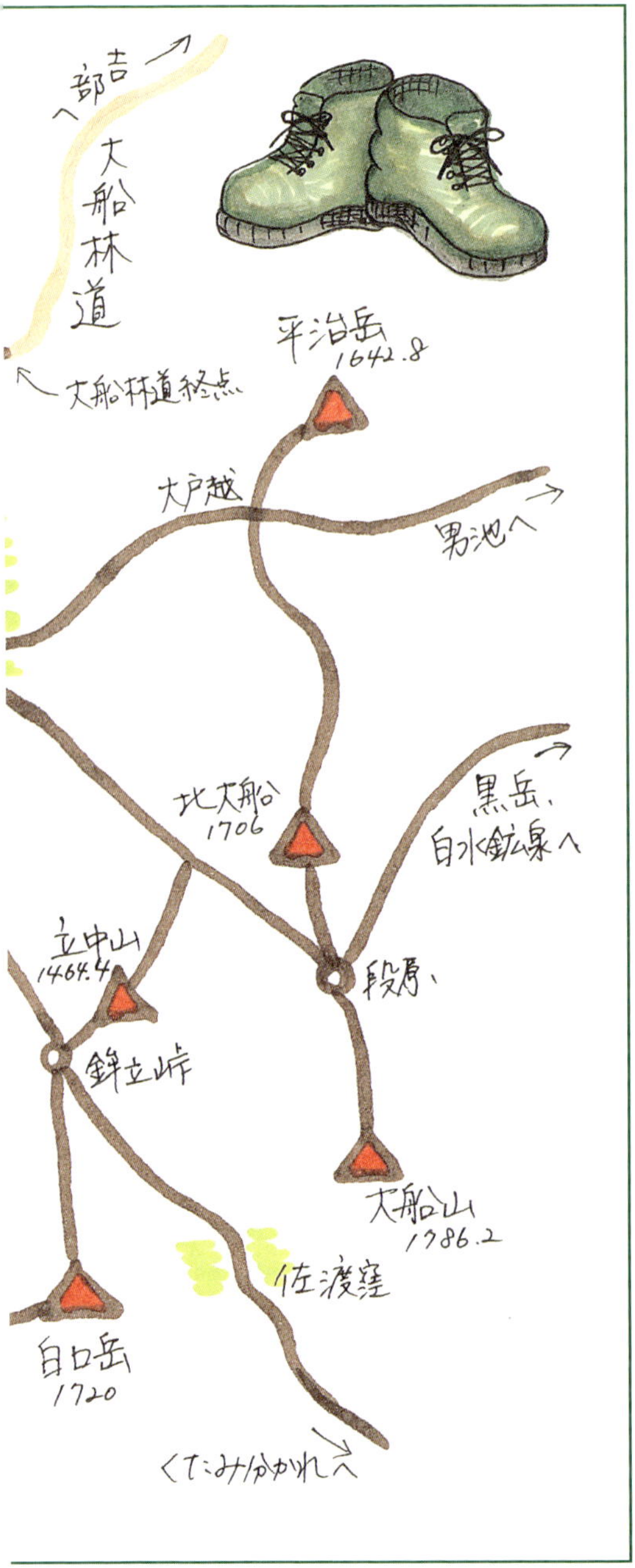

坊がつるへの道

（あくまで目安です）

- 長者原→雨ヶ池→坊がつる（約2時間）
- 長者原→スガモリ越→法華院→坊がつる（約2時間10分）
- 牧ノ戸峠→久住分かれ→北千里浜→坊がつる（約3時間10分）
- 法華院→坊がつるキャンプ場（約10分）

坊がつるから山へ

- 大船山（約1時間30分）
- 平治岳（約1時間30分）
- 三俣山主峰
  北千里浜経由（約1時間40分）
  坊がつる直登（約1時間20分）
- 立中山（約50分）
- 久住山
  北千里浜経由（約1時間40分）
  白口谷経由（約2時間）
- 中岳
  北千里浜経由（約1時間50分）
  白口谷経由（約1時間40分）

登山口へ

JR久大本線豊後中村駅からバスで
長者原 約1時間
牧ノ戸峠 約1時間15分

＊このマップは参考図です。登山の際は必ず詳しい地図をご携行ください。

坊がつるとくじゅうの山々

坊がつる，平治岳を望む法華院温泉山荘（左手）。
手前の花はノリウツギ（７月）

大船山頂から段原・北大船（右手），三俣山を望む（８月）

大船山（10月）

三俣山北峰（10月）

沓掛山（10月）

中岳（1月）

久住山（１月）

硫黄山（１月）

白口岳（5月下旬）

坊がつる山小屋日記

くじゅう法華院温泉の12カ月

上＝アサギマダラ（５月）
中＝秋色の大船林道にて（10月）
下＝満月の夜の鳴子川（10月）

夏

夏雲映す御池（天狗ケ城斜面より）

窓の外がほんのりと明るみ始め、目覚めたばかりの僕はそわそわとカメラ機材をそろえる。さて、今朝の坊がつるはどんな表情だろう。胸騒ぎで眠気は吹き飛び、３分後には犬と共に坊がつるへと駆け出す。

夏、山小屋勤務の僕の一日はおよそこんな感じで幕を開ける。

ついこの間まで、山々にはミヤマキリシマが咲き誇り、山小屋は連日登山客でごった返していた。休み時間も満足にとれない日々が続き、とても撮影どころではなくなってしまう。

その多忙の日々からやっと解放され、くじゅうに短い夏がやって来る頃、僕の撮影は解禁となる。静まり返った坊がつるの懐で心地よくシャッターを切るのだ。

このように僕の撮影時期はおのずとオフ・シーズンが中心となる。ミヤマキリシマの開花時期に登山客が一気に集中するくじゅうにおいて、この静かなる時季の魅力は多くの人が知らないと言える。

燃えるような朝焼けに包まれる坊がつる。

とうとうと流れる鳴《なる》子《こ》川《がわ》の水音。

朝霧が一斉に光を発する湿原の朝。

光の輝きにアクセントをつける多くの高山植物たち。

目の前で繰り広げられるみずみずしい光景が僕の五感を透明化させ、ごく自然に指はシャッターを押し続ける。

7月

夏の花々の目覚め、静かなる初夏

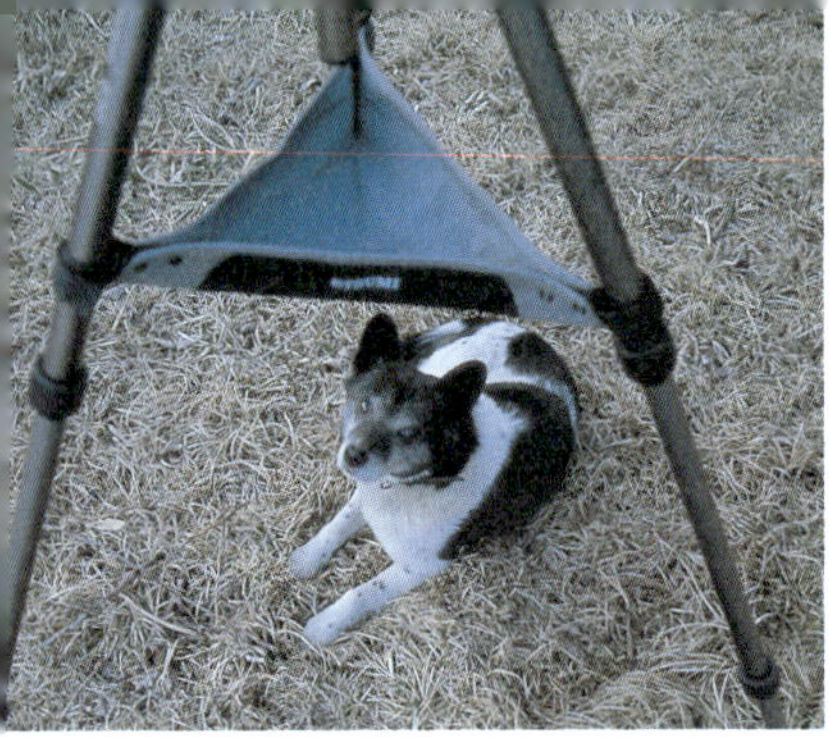

アシスタント犬・ポリ（7.1）

7月1日　晴れ　朝7時気温19度

ひと仕事終え、夕方から3時間程休憩がとれた。3時間というと、山荘から大船山《たいせんざん》まで往復できる時間であるからして、早速ポリと共に大船山へと出発。

ポリは山荘のアイドル犬であるが、いつも撮影同行を強制している僕のアシスタント犬でもある。アシスタントといっても、せいぜい寂しさをまぎらわせてくれるだけであるけれど、日が暮れて真っ暗な登山道を下る時などは、ポリがいてくれることでどれだけ助かったことか。そばでキュンキュン鳴きながらしっぽを振ってくれるだけで、何となく心強くて安心なのだ。もはや心の友かな。今日もお供、頼むよ。

大船山5合目付近のベニドウダンが見頃という情報をお客さんからキャッチしていたので、今回の目標はベニドウダン撮影なのだ。

坊がつるで早速寄り道してコケモモを撮影。コケモモはびっしりと群生しているにもかかわらず、一つ一つはほんのりと光る小さな豆電球のように遠慮深げだ。地面に腹這いになってそんな光をフィルムに収めてゆく。ポリが顔をしきりになめてくるが、気にしない気にしない。

大船山のベニドウダンは3合目付近より上が見頃となっていた。上品な薄いピンク色が緑の輝きにやさしいアクセントをつけている。これまた夢中で撮影。

上＝ベニドウダン
下＝コケモモ（7.1）

右＝坊がつるの星空（7.1）
下＝イブキトラノオの群落（7.2）

日が暮れる直前に駆け足で下山。お疲れ、ポリ君。

夜は山荘ベランダより星空撮影。**流れ星三つ**確認。

＊

7月2日　晴れ　朝7時気温20度

早朝5時前に起き、撮影に出発。ポリを連れて行こうと小屋をのぞくと、まだグーグー寝ている。犬のくせに鈍感なのだ。ワッと脅かしてやると、ワッと飛び起き、しっぽ振るスキも与えず坊がつるへGO！

雲一つなく、気温も肌に心地いい。静かなる湿原の朝。聞こえるのは鳥のさえずりだけだ。

間もなく三俣山《みまたやま》頂上を朝日が橙色に染め始めた。中岳《なかだけ》、天狗《てんぐ》ケ城《じょう》も染まってきたところで数枚撮影。足元では**イブキトラノオ**の群落がゆらりゆらりと首を揺すっている。

午前中、**大船林道補修作業**。大雨で上流から大量に砂が運ばれてきているため、その砂を林道補修用に使用。太陽が容赦なく照りつけ暑い暑い。山でこれほど暑いとなると、下界は灼熱地獄かもしれん。

帰ってからキャンプ場で発見した**ヤマアジサイ**を撮影。

＊

7月3日　晴れ　朝7時気温20度

朝から快晴で**ふとん干し日和**。客室のふとんを30組

坊がつるより望むくじゅう連山（7.2）

ふとん干し（7.3）

程、本館屋根の上まで運び出した。温度計を見ると29度。今の時期にしては暑い。ふとんもよく乾くだろうが、干す人間もカラカラなのだ。

水道工事中にヘビを発見。この辺りにはシマヘビのほかにアオダイショウが棲息している。毒ヘビはいないため安心であるが、丸々と太ったヘビに足元をにょろにょろされると、しばらくは金縛り状態になってしまう。しかしこの頃はだんだんヘビとの遭遇にも慣れてきたので立ち直りは早い。

＊

7月4日　晴れ　朝7時気温20度

早朝3時50分起床。以前から大船山山頂より朝日に映える夏のくじゅう連山の姿を写真に収めたく、今日はそれを実行するため早起きしたのだ。4時ちょうどにポリと共に山荘出発。まだ真っ暗だ。

坊がつるにはテントが三つ程張られており、ポリが

夜明け前のくじゅう連山。左後方は根子岳（7.4）

上＝大船山頂から由布岳を望む
下＝同じく三俣山（7.4）

うろうろしていると電気がついて、おじさんがきょろきょろ周りを見回していた。獣だと思ったのかな。起こしてしまって、ごめんなさい。

3合目付近でぼんやりと明るくなってきたが、立《たっ》中山《ちゅうざん》上空には一つだけキラキラとひときわ明るい星が輝き、冴え冴えとした空気が満ちているのが分かる。ゆっくり深呼吸でもしながら登りたいのであるが、7時15分より仕事であるため、急ぎ足登山なのだ。

5合目付近でライトは不要となり、久住高原の街灯が木々の間から見え隠れし始める。足元にはヤマブキ

ショウマ、シモツケが鮮やかに咲いている。白い蛾があちらこちらで飛び交っているが、これがミヤマキリシマのつぼみを食べるというシャクトリムシの成虫なのだろうか。

5時15分、頂上着。遠くに、二本の角がシンボルの由布岳《ゆふだけ》がくっきり浮かび上がっている。赤く染まって火の中の赤鬼のようでオドロオドロしい。

周囲はさらに赤く染まり始め、荘厳なるショーの始まりだ。すぐさま岩場に三脚を設置し、続けざまにシャッターを押してゆく。やがて白口岳《しらくちだけ》、中岳、天狗ケ城が朝日に照らされてゆく。その山体にはくっきりと大船山の影が映り、手を振ったらその影も映るんじゃないかと思ったが、そんな規模の影ではなく、とてつもない大影なのだ。右のほうに目をやると、三俣山の山体に平治岳《ひいじだけ》の影がくっきりと浮かび上がっている。大船山火口跡は熱した中華鍋のごとく赤々と燃えている。

とにかく四方が被写体だらけで、僕は頂上で一人興奮状態。ポリは隣りで退屈そうに水溜りの水をペロペロすくっていた。

6時過ぎ下山開始。駆け足で下る。7時5分前、山荘着。着替えてすぐさま仕事開始。

あわただしい登山であったが、考えてみれば僕はこんな登山ばかりしている。非常に疲れてしまうが、感動が大きいからやめられないのだ。

＊

7月6日　雨　朝7時気温17度

山荘の電話は無線電話であるため、雷がピカリとやるたびにリンリンと鳴ってしまう。要するにリンリン鳴れば雷様が近くにやって来たということなのだ。今日は朝から鳴りっぱなし。

＊

7月7日　曇り後晴れ　朝7時気温17度

午前中、温泉前のせせらぎにて羽化中のトンボを発見。とびきりでかいヤゴの殻の隣りには、たった今出てきたと思われる黄緑色のトンボが雨に濡れながらじっと旅立ちを待っていた。色の具合からギンヤンマかと思ったが、それにしてはあまりにも大きすぎるため、もしやオニヤンマなのではと心ときめく。

オニヤンマは僕にとってはトンボの王様的存在で、子供の頃はこのトンボを虫籠に入れることを一つの大きな目標としていた。その目標は達成できなかったが、今こうしてそのトンボの旅立ちを目の前にしていることに、ただならぬ興奮を覚えた。

カメラを持ってきてマクロ・レンズにてしばし撮影。トンボにとっては非常に迷惑だろうな。やがて体に黒と黄色の縞模様が現れ始め、オニヤンマだと確信。複眼に水滴が滴《したた》りつつも、トンボは微動だにしない。眼は七色に輝いている。この立派な七色複眼は坊がつるをどのように映してゆくんだろう。

仕事中であったのでしばし離れて再び行ってみると、大きな殻だけ残して旅立っていた。

おっと、今日は七夕ではないか。七夕の旅立ちとは粋ですねえ。

＊

オニヤンマの羽化（7.7）

シモツケ（7.8）

7月8日　曇り時々晴れ　朝7時気温16度

午前中、昨日羽化を見守ったオニヤンマがトイレ横の水路に落っこちているのを発見。すぐさま救助。昨日の旅立ちは失敗に終わったんだね。しかもトイレ横とは臭《にお》い付き遭難ではないか。電気仕掛けのような羽根をブルブルさせて乾かしている。水滴も臭いもちゃんと振り払いなさい。しばらくして、前足で目をキュキュッと拭くような仕草をして飛び立った。あのキュキュッは感謝の仕草だと僕は理解している。

今日の午後よりしばらく休暇となる。天気は曇り空。花の撮影をしようと思っていたのでちょうどいい天気だ。早速、ポリと再び大船山へ。

先日撮影した頂上付近のベニドウダンは、ほぼ終了。段原《だんばる》付近で見頃になっていたヤマブキショウマとシモツケを撮影。そして北大船から大戸越《おおとごし》に降りる途中、オオヤマレンゲを発見。なかなか発見できない貴重な花である。ここ以外に鳴子《なるこ》山《やま》にも一株あるらしいが、見たことはない。

大船林道終点から3キロ程下ってヤマアジサイを撮影。ほかにもヤマボウシ、チダケサシが咲いていた。帰りはオカトラノオを撮影。坊がつるではノハナショウブを5輪程発見したが、まだほとんどがつぼみ。

今日一日でどれだけの花々と出会ったことだろう。まったく、坊がつる一帯は高山植物の宝庫であるなあ。また、この坊がつるの真中を蛇行しながら流れる鳴子川は筑後川の源流の一つであるが、この川は夏になる

左上＝ヤマブキショウマ　下＝オオヤマレンゲ
右上＝チダケサシ　下＝オカトラノオ（7.8）

と大発生するトンボたちのふるさとでもある。多くの命を育む母なる坊がつるなのである。

夜8時前に山荘着。ポリもお疲れである。

＊

7月9日　**曇り時々晴れ　朝7時気温17度**

11時半過ぎ、休暇のため雨《あま》ケ池《いけ》経由で下山。

女性スタッフのよっちゃんとまゆちゃんが手を振って見送ってくれる。ふだん女性スタッフからの扱いはポリ以下であるが、お見送りの時は可愛いねえ。それとも別れがうれしいのかい。ちなみに、よっちゃんは山荘勤務10年目のベテラン、まゆちゃんは2年目の若手スタッフである。

坊がつる及び雨ケ池にノハナショウブがぼちぼちと顔を見せ始めていた。シライトソウも一つ発見。ヤマアジサイは至る所で群生している。ひっそりとした緑の中のヤマアジサイは、蛍

天狗ケ城山頂のまゆちゃん（左）とよっちゃん（2000.5）

光塗料を塗ったようにボワンと光を発している。静けさを呼ぶ光だ。

＊

7月14日　曇り時々晴れ　朝7時気温19度

休暇より山荘帰荘。坊がつるのノハナショウブが鮮やかに咲いていた。

お昼より山荘から鉾立峠《ほこたてとうげ》までの草刈作業。久住高原から鉾立峠を過ぎ山荘へと向かうルートは、かつては主要ルートであったらしいが、やまなみハイウェイの開通で長者原《ちょうじゃばる》から雨ケ池、もしくはスガモリ経由が登山客の一般的ルートになってからは利用する人は少ない。かつてのスタッフにとっては、休憩時間にこの峠を越えて久住高原へ下り、アイスクリームをお土産に帰ってくる、というお楽しみルートだったそうだ。

アルバイトのマー君と共に、草刈機を背負ってスパスパと登山道にはみ出た雑草を容赦なく刈ってゆく。マー君は100キロの巨漢であるため、登山道を進むだけで雑草たちはぺしゃんこになるのだが、その上スパスパ刈られてゆくという二重の災難を味わう雑草たちは、毎年毎年、刈られても刈られてもニョキニョキとまたたく間に生長する。この雑草たちの生命力には全く恐れ入る。

と敬服しながらもスパスパとやってゆく。

夜8時半になっても到着しないお客さんがいるため、雨ケ池コース

上＝ヤマアジサイ
下左＝ノハナショウブ
右＝シライトソウ（7.9）

草刈作業（7.14）

を捜索。ほどなく林道と雨ケ池コースの分岐付近で発見。約5分の捜索であった。おしゃべりしながら、休憩しながら、ゆっくりしていて遅くなったという。遅過ぎるんだよう！

＊

7月15日　曇り時々雨時々晴れ　朝7時気温19度

午前中、白口谷《しらくちだに》登山道の草刈。この登山道は中岳から谷沿いに坊がつるへと下るルートであるが、岩が多い上、草が覆っていると登山道を見失う可能性があるため、くじゅうの中では上級者向きコースと言える。

沢には久々に水が流れていて、砂防ダム下には透明な水が溜まり、飛び込みたい衝動に駆られる。背中に機械を背負っているためどうしようもなく暑いのだ。おまけにエンジン音が頭の中をかきむしるようにうるさい。

先週の休みでMDウォークマンを購入。早速耳に当てて試聴してみると、あまりの迫力に仰天。ベース音が身にしみるほど伝わってくる。ジャズを聴いても、今まで聞こえなかった低音が響いてくるため、これはもう新世界発見といった感動なのだ。早速、坊がつる

で音楽鑑賞。

＊

7月17日　曇り時々雨　朝7時気温20度

本日はよっちゃんの誕生日。おめでとう。

よっちゃんは、短大を卒業してからずっとこの山荘で働いている、僕にとっては頼りになる先輩でもあるのだ。そして、僕の誕生日などにはケーキを焼いてくれたりするとってもやさしいお方なのだ。だからといってよっちゃんの誕生日にケーキを焼いてあげたことはない。とにかくおめでとう。

＊

7月18日　晴れ時々曇り　朝7時気温20度

夕方、坊がつるを散策。下界では猛暑続きというが、ここはまったく涼しいもんだ。聞くところによると、木の葉が太陽熱を吸収するため、緑の豊富な所は涼しいのだそうだ。とすると、ここは緑だらけであるからそりゃもう涼しいわけだ。

坊がつるキャンプ場のトイレ横にノハナショウブの群生がある。トイレ横に元気よく咲くというのは肥やしが多いためかと思ったりするのであるが、たしかに

上＝ノハナショウブ
下＝ハンカイソウ（7.18）

少々この辺りは臭う。気にせず撮影。

ハンカイソウも見頃となっていた。この辺りにはヒマワリがないため、代わりといっては何だが、僕はこのハンカイソウを坊がつるの夏の風物詩のように思っている。キク科の花にしては非常に大型であるし、黄色いひらひらの花びらもヒマワリに通ずるものがある。本格的な夏の到来だなあ。

＊

7月20日　晴れ時々曇り　朝7時気温18度

大船林道補修作業中、巨大なアブが数匹襲来。スズメバチ程の大きさがあり、刺されると、痛みと巨大な腫れが数週間続くというからたまらない。素早さは戦闘機並みであるが、音はゼロ戦というアンバランスな野郎だ。一匹撃墜。こちらに被害はなし。

＊

7月21日　晴れ時々夕立　朝7時気温18度

夏休みに向けた気ぜわしい日々が続く。大部屋のふとん干しにバンガローの屋根補修等々、次々と仕事が舞い降りてくるため、朝、坊がつるを眺める僕の心も散文的である。

3時過ぎ、突如として真っ黒い雲が現れ、大粒の雨を全身に叩きつけてきた。バンガローの屋根にいたためもろ直撃である。雷がけたたましく轟音をとどろかせ、白口谷付近に落雷。続いて三俣山の麓にも落雷。稲光をこうもまじまじと眺めるのも不気味である。ピカリと光って1秒後にはゴロゴロであるから、すぐそこにおられるんだな、雷様は。

しかし、さすがに夕立だけあって1時間程で雷様撤収。僕たちも撤収。法華院玄関前でお客さんの連れてきた犬がベンチの下にもぐり込みブルブル震えていた。

強靱，もしくは鈍感・ポリ君（7.21）

犬というのはたいてい雷を極端に恐れるものであるが、ポリは、どうでもいいやという感じで小屋でゴロゴロしている。この犬は数々の試練を切り抜けてきたため、少々の事態では平然としている。いつだったか台風が直撃した時、犬小屋はすっ飛ばされてしまい、ポリは豪雨暴風の中、一晩明かしたことがあった。毛並みが驚くほど白く輝き、何だかさっぱりした表情で朝を迎えていたなあ。

大船林道で鹿を目撃したという情報が入った。この付近には猿もいるらしい。うわさではツチノコもいるらしく、UFOも時々目撃される。ということは宇宙人もいるかもしれぬ。連れ去られぬようご注意を。

7月22日　晴れ時々曇り
朝7時気温18度

ただいま夜の11時。外ではキリギリスがギリギリギリギリ鳴いている。今年はキリギリスを多く見かける。当たり年ということだろうか。数日前、ヘビトンボの子供も見かけた。まゆちゃんが首の伸びたセミを見たと言っていたが、きっとヘビトンボのことだろう。僕も初めて見た時は新種の昆虫かと思い興奮したものだ。こいつは噛みつくから用心が必要。

そういえば数年前、山荘前でミヤマクワガタを捕まえたことがあった。これほど巨体のクワガタは図鑑でしか見たことがなかったため、これまた興奮。コクワガタなら小学生の頃近所でよく捕まえていたが、その倍の大きさがあり、しかも立派な黒光りのあごがある。

＊

7月23日　晴れ　朝7時気温18度

今日は幼稚園の子供たち17人が来荘。毎年夏休みに園長先生と大船林道経由でやって来るのだ。子供たち

幼稚園児来荘（7.23）

は大部屋で走り回ったあと、花火大会。いい山の思い出になるだろうなあ。

＊

7月24日　晴れ　朝7時気温19度

時計の針は午前1時を回ったところ。山荘周辺は漆黒の闇に包まれ、キー、キーと寂しげなトラツグミの声とキリギリスの鳴き声が呼応するかのように闇に響く。夜行生物たちの世界だ。

ところがここ数カ月、真夜中の山荘裏の砂防ダムにて怪しげな人影が出没する。砂防ダムは北千里浜から法華院に向かって合計七つ程連なっているのであるが、その人影は、上から二番目のダム付近での出没回数が最も多い。目撃した人は肝を冷やすだろう。片手にはロープを持ち、ヘルメットをかぶっているように見えるのだ。このダム建設時における殉職者の霊かと思われるであろうが、このダムでの殉職者はいない。とすると北千里浜での遭難者の霊では、と頭をよぎったところで、背筋に寒気が走り逃げ出すことになる。

勇気ある方はじっくり観察してみるとよい。星明りにうっすらと浮かび上がってくるその人影。ヘルメットとおぼしきは髪の毛であることがまず確認できるであろう。そして片手のロープは縄跳びの縄であることが判明する。するとその人影は、ぴょんぴょん縄跳びを始めたり、時には腹筋運動を延々と続けたりする。もしかすると霊より恐ろしい光景かもしれませんが、危害は加えませんのでご安心を。

この人影の正体は、山荘のわんぱく若手女性スタッフ・ヒロエちゃんであります。真夜中の散歩はこの方の日常的習慣というか習性でありますが、この頃は砂防ダムがお気に入りのようで、真夜中にダム付近に行っては縄跳びや腹筋などのトレーニングに励んでいるようであります。二番目のダム

山荘裏の砂防ダム（7.24）

はカラカラという水の音がするからお気に入りとのこと。

下界では真夏のデートを楽しんでおられる方も多いことでありましょうが、くじゅう山中の砂防ダムで夏の夜を楽しむ女性もいるのです。

＊

7月25日　晴れ　朝7時気温19度

今日から三日間、福岡の高校生たちの合宿が始まる。この日のために連日、バンガローの雨漏り修理をしていたのだ。しかし一人捻挫のためリタイア。みんな登山靴ではなく運動靴であるため、やはり足首のガードが弱いのであろう。運搬車で大船林道ゲートまで送り、タクシーに乗って帰っていった。

お風呂ではみんな叫びまくっている。去年は一般のお客さんから苦情があり、次の日みんなきつくしぼられていたが、今年はどうだろう。去年より激しそうだけど。しかし静まりかえった高校生というのも気味悪いので、これぐらい騒ぐのが自然ではないかなあ。漱石の『坊っちゃん』の頃から高校生は騒がしいものなのだ。いつだったか鹿児島の進学校の高校生たちがやって来て、みんなでストーブを囲み、「若者たち」を静かに厳かに歌い始めたことがあった。今の時代、このような若者が存在していたのかと新鮮な驚きを感じたが、同時に不気味でもあった。

まあ、山へ来る高校生にも様々な人種があるようだが、ガングロは見たことがない。

＊

7月26日　晴れ　朝7時気温19度

昨日から合宿に来ている高校生たちが、今日の夜キャンプ・ファイアーをするというので、廃材を使って砦を作る。この頃晴れ続きなのでよく燃えることだろう。

夕方から大船林道の草刈作業。7時過ぎ、へとへとになって山荘へ戻ってくると、今日予約の8人が未到着とのこと。すると携帯電話へ連絡が入り、吉部《よしぶ》から大船林道沿いに登ってくる予定であったらしいが、左に曲がって山に入ってしまい、さっぱり居場所が分か

アメリカ製四駆運搬車ミュール（7.26）

らなくなったとのこと。大船林道まで引き返すようにと指示し、夕食を早めに済ませ社長と捜索へ。おそらく左に曲がったのは大船林道終点より二キロ程下った所の分かれであろうとのことで、運搬車で分かれまで向かう。昨日の負傷者運搬に続き、このアメリカ製四駆運搬車ミュールは大活躍だ。

分かれからしばらく入ってゆくと鎖が渡してあり、ミュールはここまで。懐中電灯で照らし本格捜索開始。

20分程登った所で社長の呼ぶ声に反応があり、ほっと一安心。ところが、さらに登ってゆくと反応がなくなり、一体どこにいるんだと途方にくれてしまう。

少しばかり引き返してみると、暗闇の中に登山道らしき入り口を発見。これがうわさに聞いていた平治岳北口だろうか。ここはマップには記載されていない知る人ぞ知る登山道だ。僕も初めてである。すると社長の呼ぶ声に数人が反応。遠くからライトが見えてきて無事遭遇。おじさん・おばさんの8人グループで、懐中電灯が2個しかなかったためパニック状態であったらしく、僕たちに何度もお礼を言っていた。

しかし吉部から大船林道を登ってくるルートで迷った方々は初めてだ。ずっと車道を進んでゆけば自ずと法華院に着いてしまうのであるが、なんで曲がったり山に入ったりしたのかよく分からない。本人たちも「おかしい、おかしい」と思いながらどんどん進んでいったという。

運搬車の荷台に8人を乗せ法華院へ向かっていると、おばちゃんが「これから姥《うば》捨《す》て山に捨てられちゃうのかな」と一言。うーん、反省しないと捨てちゃいまっせ。

約20分で法華院着。あー疲れた、と部屋でくつろいでいると、バタバタバタと足音がして、僕の部屋の扉がガーッと開けられた。先程の8人である。「あれー、客室はどこなの？」とキョロキョロしている。この人たちは山荘の中でも迷っているのだ。従業員室までやって来て、しかも扉を勢いよく開けられたのは初めてだ。迷うべくして迷ったのだなあこの人たちは。まったく……。

　しかし、携帯電話というのは今や登山には欠かせませんね。

＊

7月27日　晴れ　朝7時気温19度

　朝からお弁当を持って大船林道の草刈作業。日差しが木々によって遮られるため非常にありがたい。木々に感謝感謝、と言いながら草木をスパスパと刈ってゆくジレンマが辛いところだ。

　お昼のお弁当を食べていたら、アブやハエ、蚊がどこからともなく寄ってきて、ひとときのランチ・タイムを邪魔しやがる。この虫たちの嗅覚はまったく精密機械であるなあ。

　夕方まで草刈機を担いでいると、肩が痛くなり、手は振動で痛痒《いたがゆ》くなってしまった。運搬車の荷台に揺られ帰荘。荷台に乗るといつも「ドナドナ」を口ずさんでしまう。悪い癖だ。

　本日、坊がつるでは国際交流キャンプが行われ、韓

国、ベトナム、ネパール、タイの人など総勢50名程が各国の踊りなどを披露しながら、星空の下キャンプを楽しむのだそうだ。山荘の運搬車もお手伝いしたが、運ぶ荷物はなんとぎゅうぎゅう詰め、大型ワゴン車まる1台分。タイ人はゾウでも連れてきたのか？　キャンプというのは、自分たちで食料やテントを運んでこそやりがいがあると思うのだが。

＊

7月28日　晴れ後曇り　朝7時気温16度

　毎年やって来る大学の学生たち30名程が来荘。今年はイスラム教の留学生が一人いて、その方は肉が食べられないという。豚肉だけかと思ったら鶏肉も牛肉もだめだというので、魚を用意。どうして魚肉はいいのか知らないが、信心深いのも大変であるなあ。

　夕方、久々の夕立。昨日から坊がつるでキャンプしている国際交流の方々たちはカッパを持っていないようでびしょ濡れであった。

　ここ数日、坊がつる一帯は様々な人種と言語で多国籍化している。

＊

トンボも大発生する坊がつる（7.29）

7月29日　晴れ　朝7時気温16度

早朝、坊がつるを見渡すと、上空に朝日を反射してきらきら光る物体が散在していた。その数数千、いや数万か。朝露かと思ったが、上下左右至る方向にゆっくりと移動している。よーく目を凝らして見ると、それらはすべてトンボであった。

今年はトンボが大発生のようだ。運搬車の運転中にも手に止まってきたりする。かなり鈍感のようで、じっくり観察させてくれることもある。斜め45度付近からの顔はにやりと笑っているようでなかなか愛嬌がある。その顔の大部分を占めている複眼も神秘的で、見つめられると吸い込まれそうな魅力がある。時折首をかしげる仕草も少々アホっぽくてかわいいな。などと考えていたら、クモの巣にトンボが引っかかっていた。人間社会でいう交通事故か。

7月30日　晴れ後曇り　朝7時気温19度

早朝5時よりポリと坊がつるへ。昨日見つけたサイヨウシャジンを撮影。撮影中、ポリはどこかへ行ってしまい呼んでも戻ってこない。すると、撮影終了の頃になると走って戻ってきた。この犬も要領を得たもんだ。

今日は大船山中腹より立中山への登山道を整備するという大仕事があった。この登山道は知る人ぞ知るマイナー登山道で、ガイド・ブックには掲載されていない。この登山道、僕は4年前の夏にチャレンジしたことがある。大船山3合目付近から立中山へと向かうのであるが、なんせほとんどが獣道のようであるため、当然のごとく迷った。所々テープで目印が付けてあるが、夏は草木が覆い茂っているためなかなか見つけることができない。

やっとのことで鉢窪《はちくぼ》までたどり着いたものの、そこから立中山へ

サイヨウシャジン（7.30）

鉢窪（7.30）

の道はさっぱりまったく分からない。仕方なく引き返そうとすると、なんと来た道も分からなくなってしまったのだ。喉がカラカラになり、飲料水も尽き、マジであせった。とにかく来た方角に進めば大船登山道に出るだろうと、藪の中を這って這って、約1時間這ってようやく死にかけで登山道にたどり着いたという、なんとも苦い思い出のあるルートなのだ。

　このような経験のある僕にとって、とうとう今日という日が来た、といった意気込みだ。今日は決して迷わないぞ。ビニール・テープもたくさん用意している。しかも一人ではない。アルバイトの巨漢マー君が

一緒だ。

　午前10時半、山荘出発。大船山登山道から立中山への分岐に11時着。いよいよ突入だ。すると、4年前と同じく2分後に早くも道を見失う。気を取り直し一から出直しだ。背丈程になった葦が登山道を覆っているのだ。背伸びして何とかビニール・テープの目印を見

大船山―立中山間のノリウツギ（7.30）

つけ、新しいものと張り替えながら進んでゆく。マー君は巨漢であるため、歩くと自ずと道が現れるので助かる。間違えそうな箇所にはロープも張り、念入りに迷わない対策を講じてゆく。

約2時間で鉢窪到着。ビニール・テープ1本を使い切るほど目印を付けたため、もう迷うことはないぞ。

鉢窪からはどうやら右方に道が延びていることを発見。するとここからはノリウツギとの格闘となる。何度も何度も道を見失いながらも、立中山山頂との距離を徐々に縮めてゆく。ビニール・テープを3本使い切ったところで立中山頂上着。時計は午後4時を回っていた。

やった、やったのだ！　とうとうあの時の雪辱を果たしたぞ。誰も拍手はしてくれないが、僕はうれしかった。これからは胸をはってこのコースの説明ができる。汗まみれのマー君もお疲れさま。

山荘に戻り、スイカをほおばる。勝利の祝いスイカなのだ。お疲れ巨漢マー君に一つ多く譲る。おめでとう、僕。

＊

7月31日　晴れ後曇り

朝7時気温20度

大船林道の崩壊箇所のセメント打ち作業。川から砂と水を運び丹念に練ってセメント完成。小石を混ぜながら崩壊箇所に埋め込んでゆく。すると快晴が一転、雷が鳴り始めピカピカ空が閃《ひらめ》き始めた。先日の雷は数カ所に落雷したが、そのうちの一つはスガモリ越の避難小屋前に落ちたという。避難している人たちの目の前での落雷であったらしく、みんなさぞかし雷様の恐怖を思い知ったに違いない。山では雷雲は目の前であるからなあ。

大分市上空1500メートルに雷雲発生ということは、山荘上空200メートルとなる。ご近所なのだ。

スガモリ越避難小屋（7.31）

上＝三俣山にかかる笠雲
下＝ママコナ（8.2）

8月

花々、テント、夕立、雷、花火。夏山本番！

8月2日　晴れ　朝7時気温20度

早朝5時半に起きて坊がつるへ。すると、三俣山頂上を朝焼けに赤らんだ笠雲が覆っていた。大気中の見えざる存在が息を吹きかけているかのように、なめらかに笠雲は頂上を滑ってゆく。しばし見とれて撮影。

お昼より久々に雨ケ池へ行ってみると、ママコナ、マツムシソウ、ユウスゲ等々、様々な植物が夏風に揺られていた。

＊

8月3日　曇り時々晴れ　朝7時気温18度

ここ数日、山荘の至る所で異様な臭いが漂っていた。とにかく臭い。ネズミの死骸でもあるのだろうかなどと推測していたが、それらしき死骸は一向に見当たらない。そして本日、まゆちゃんがこの臭いの正体をついに発見。虫であった。カナブンによく似ているが、カナブンよりも細長い。色は艶ありの黒。マイマイカブリに似ているかな。こいつを突っついたりすると、とてつもない悪臭を撒き散らすのだ。一体この虫、何という虫だろう。そういえば近頃、頻繁に見かけてい

上＝マツムシソウ
下＝ユウスゲ（8.2）

ミソハギ（8.4）

たのだ。臭いのはカメムシだけではないのである。

　トイレ掃除のまゆちゃんが悲鳴。洋式便所が詰まって、たんまりのブツがぷかぷか浮遊していたのだ。今日はまゆちゃんにとって悪臭災難の日である。

　スリッパがネズミにかじられた。数多くあるスリッパの中で、なんで僕のだけかじられたのだろう。

＊

8月4日　晴れ後曇り　朝7時気温20度

　午前中、山荘から鉾立峠へと向かう登山道の木道を男性スタッフたちで修理。長年風雨にさらされ、至る所で崩壊していたのだ。

　午後より坊がつるでミソハギの撮影。緑の茂みに隠れるようにして咲いているピンクの花は、夏風に揺られ涼しげである。すぐ隣りの湿地帯にはモウセンゴケが立派に葉(?)を広げていた。

　モウセンゴケは昆虫を食べる食虫植物であるが、あの口のような所は葉になるのだろうか。口とは思えないし。口があるとすれば肛門もあって糞をすることになる。とすると、身動きのできないモウセンゴケは糞まみれになってしまうではないか。

　そんなことを考えていたら、レンズを水中に落としてしまった。中まで水浸しである。いつかはこんな日が来るだろうと恐れていたのであるが、とうとう来てしまった。モウセンゴケの糞のことなど考えているからだ。イカンイカン。

＊

8月6日　晴れ後雨後晴れ　朝7時気温18度

今日は法華院ツアー「苦汁登山」一日目のコースを

モウセンゴケ（8.4）

左上＝ヤクシマホツツジ　下＝ホソバシュロソウ
右上＝ツリガネニンジン　下＝ノギラン（8.6）

下見登山。

ちなみにこのツアーのネーミングは、くじゅうと苦汁をかけているわけであるが、苦汁にはビールという意味も含まれていて、夜は生ビール飲み放題になる。

ツアー1日目は牧ノ戸峠出発となる。このルートは何度も通っているのだが、扇《おうぎ》ケ鼻《はな》周辺と稲星山《いなぼしやま》から白口岳へと抜けるルートを再度確認しておきたかったのだ。沓掛山《くつかけやま》にてヤクシマホツツジの群落発見。頂上を過ぎるとホソバシュロソウ、ツリガネニンジン、ノギランなどが所々で顔をのぞかせている。坊がつるもそうだが、今年は花の数が多い。高山植物の当たり年ということだろうか。

ルートの確認を終え、白口谷を降り始めた頃から雷が鳴り始めた。急ぎ下山。3回滑りこける。4時過ぎ、無事帰荘。同時に雷が激しくなり、すぐ近くに落雷数回。今日も走り込みセーフである。

夕食後、今日のお客さん6人のグループが雨ケ池手前で迷っているという電話が入る。とりあえず懐中電灯を持って行ってみる。真っ暗な登山道は、慣れた道とはいえ不気味である。雨ケ池で無事6人発見。時刻は9時を回ったところ。大船上空にきれいな月が昇り始めていた。そういえば夕方、大船上空に巨大な虹がかかっていた。10時過ぎ、無事山荘着。

＊

8月8日　曇り時々晴れ　朝7時気温18度

大船山上空の虹（8.6）

上＝池ノ小屋より中岳を望む
下＝中岳より三俣山（左），平治岳を望む（8.8）

本日、久々の休日。ふだんは一カ月にまとめて一週間程休むことになるのであるが、8月は平日も多くのお客さんで賑わうため、週休1日となる。したがって8月は下界に降りることはできない。したがってここ数年、下界の真夏を知らない。したがって海水浴はできない。したがって下界の真夏が少々恋しい。サザンを聴くと空しくなるので、サザン禁止。

今日はよっちゃんも休日である。僕が朝3時半頃出発して中岳方面へ行くと言うと、「私も連れてって」ということで、二人で早朝登山をすることになった。

『私を山に連れてって』という映画があったような……。あれはスキーだったかな。山のわけないか。

先日ビデオで、とあるアクション映画を観たのであるが、冒頭で山小屋のシーンがあり、うるさい登山客を主人公が格好よく喧嘩でやっつけて、ヒロインが「キャー、なんてタフガイ!」と惚れるところから物語は始まるのだ。格好いいなあと爽快であったが、考えてみると山小屋で騒いでコテンパンに殴られる登山客も可哀相である。

月が明るく、ライトも要らないほどである。今日は素晴らしい朝焼けが期待できそうだと胸を膨らませていたら、あっという間にガスが山頂付近を覆ってしまった。明るみ始めた登山道を進み、5時過ぎに池ノ小屋着。辺りは真っ白でしかも寒い。

しばらく避難していたが、時折ガスが晴れて青空が見え隠れしているため、とりあえず中岳へ

休憩中のよっちゃん（8.8）

と向かう。すさまじい風が吹きつけ、しっかり地面を踏みつけていないと飛ばされそうである。よっちゃんは何度か立ち往生してなかなか前に進めない。よっちゃんの体が大の字のままヒューと飛ばされるのを想像してしまった。笑い事ではないが笑ってしまった。素直にそのことを話すと笑っていたから、まだまだ余裕であるな。しかし、今日のよっちゃんはポリの代わりだ、と言ったら怒られた。たしかよっちゃんは犬年だよなあ。

中岳山頂に到着するとガスがしばらく晴れ、大船山、平治岳、そしてその向こうに由布岳も見える。その光景をガスがステージのドライアイスのように演出し、素晴らしいシャッター・チャンスが眼前に広がった。夢中で撮影。

しかし、とにかく寒い。連日の猛暑でまさか寒いわけないだろうと軽く考えていたのだが、冬山撮影の頃を思い出させるほどの寒さだ。考えてみればここは九州本土最高峰である中岳１７９１メートルなのだ。夏だろうと甘く見てはいけません。しかし、今頃九州で凍えてるのは僕ら二人だけかもしれん。

上・下＝「苦汁登山」にて（8.9）

8月9日　曇り時々雨　朝7時気温20度

今日は法華院ツアー「苦汁登山」初日。9歳から69歳までの45名が集まり、午前10時、牧ノ戸峠出発。僕と社長の長男、小学3年になるカツヒサが先頭である。

周囲は分厚いガスに覆われ、しかも寒い。沓掛山、扇ケ鼻を過ぎ、久住避難小屋で震えながらお昼を食べる。

久住山へ向かう頃にはさらにガスは深くなり、風もひどくなってきた。慣れた登山道とはいえ、コースの選定に神経を使い、いつも以上に疲れる。中には、この山は登らなくていい、と言う方もいて、待合場所にまた神経を使う。ガスさえなければなんてことないの

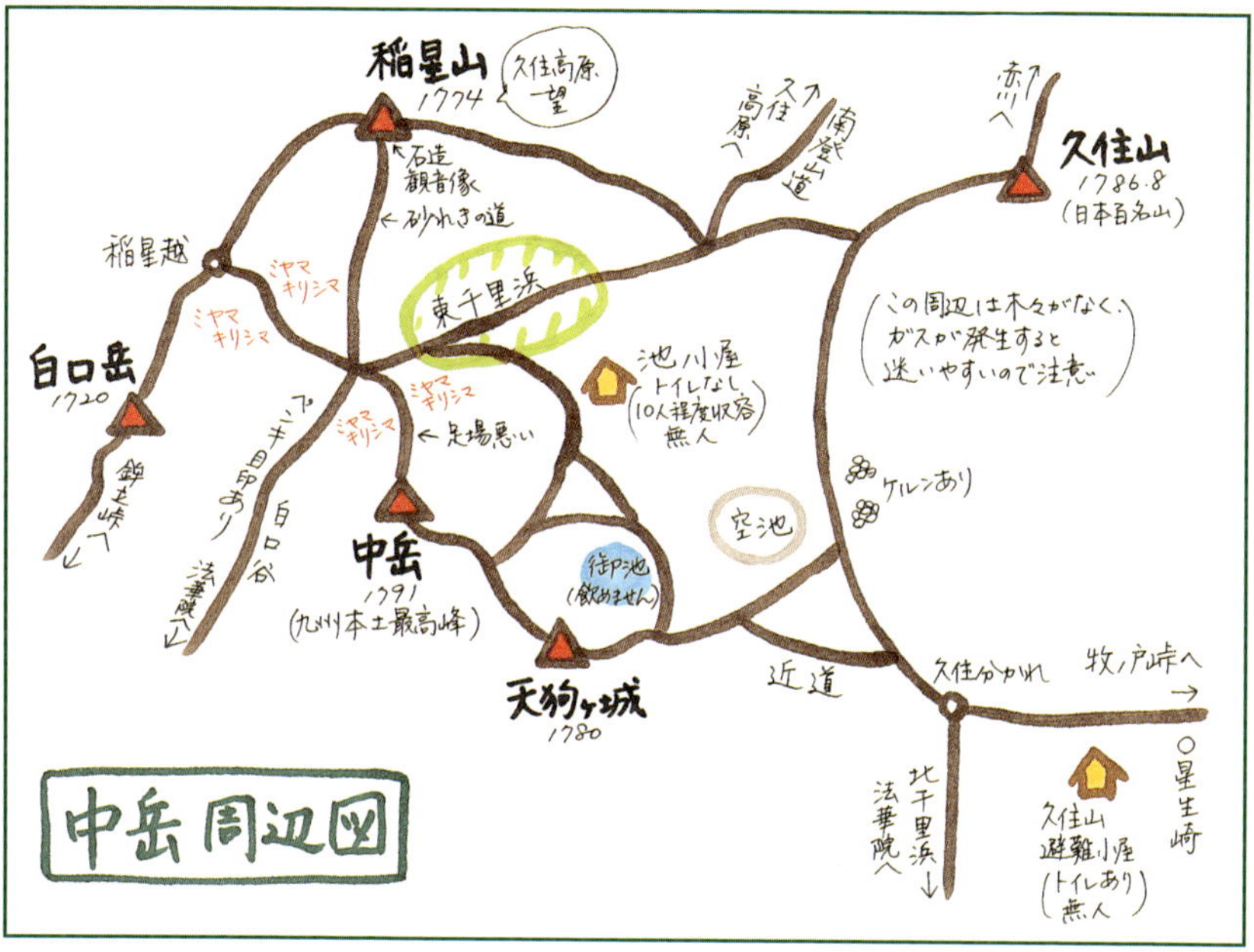

になあ。

結局、沓掛山、扇ケ鼻、久住山、天狗ケ城、中岳、稲星山を登って、白口岳を時間の都合で省略。それぞれの山頂で記念撮影したが、真っ白で写ってないかも。白口谷を降りて、5時頃法華院着。みなさんお疲れさまでした。カツヒサは白口谷では先頭を務めた。なかなかたくましいではないか。さすが山の子。

山荘での夜はスライド上映会。生ビール飲み放題であるため皆ベロンベロンになっている中での上映は、少々辛かった。坊がつるから撮った写真を「これは坊がつるからではない。俺は知っている」なんて騒ぐ方もいて、困った困った。でも、まあ中にはすごく感動してくれて何度もお礼を言ってくれる方もいたから、僕もやった甲斐があったというものだ。明日は立中山、大船山、平治岳、三俣山を登る予定。先頭ではないから少々気が楽。

＊

8月10日　曇り後雨　朝7時気温20度

法華院ツアー「苦汁登山」二日目。

早朝5時半より朝ご飯を食べ、6時10分、法華院出

上＝平治岳山頂
下＝スガモリ越にて（8.10）

発。今日は男性スタッフ安永君が先頭を務める。午前中は立中山、大船山、平治岳を登る予定。立中山から大船山への道は先日汗まみれになって切り開いた道であるが、なかなか好評のようで、これから常時使わせていただきます、と言う方も数人いた。

カツヒサもがんばる。今日はほかの子供たちと一緒に登っている。このツアーには小学生が5人いるのだ。学校の先生も一緒。山の上から「川上さーん」と呼んでくれたりして、なかなか気持ちのいい子供たちなのだ。

中高年組は、昨日の夜はベロンベロンに酔っ払って悪態ついていたが、今日はすっかり酔いも覚め、みんないい人に変貌していた。様々なお客さんとコミュニケーションができ、多種多様な話を聞かせてくれる。ヒマラヤ・トレッキングのこと、歩くという行為への情熱、インターネットでの儲け方、漁船での釣りの話等々、人生経験豊富な方々の話は尽きない。

平治岳を登ったところで、昨日から数えて10座制覇したこととなる。おじさんが頂上で坐り込み、「これでやっと子供に自慢できることができた」としみじみ言っていたのが印象的であった。

一旦山荘へと戻り、午後からは三俣山へと向かう。ここでポリも参加。先頭を切ってゆく。名犬・平治に負けないガイド犬ではないか。昨日の午後はカツヒサ先頭、今日はポリ先頭。こんなツアーでいいのであろうか。いいのである。

三俣山から雨ケ池へ下るコースの途中から大雨が降り出し、足元は最悪。長者原までの道も川と化していて、登山靴の中までびっしょり濡れてしまった。

午後6時過ぎ、長者原着。みんなくたくたであったが、大満足のツアーだったようで、握手握手。みなさんほんとうにお疲れさまでした。

上＝コオニユリ
下＝花火大会（8.13）

8月13日　曇り後雨　朝7時気温18度

午後の休憩時間にポリと坊がつるへ。小雨がぱらついているが、こういった艶やかなる緑の中を散策するのもまたいいもんだ。草の覆い茂った轍《わだち》を行けば、ポリの毛も自然シャンプーとなる。

坊がつるではコオニユリが例年以上に数多く花をつけている。植物だけでなく蚊も大発生しているし、山荘周辺ではまたまたミヤマクワガタを発見。トイレでは小虫も大発生しているし、今年は様々なものが大発

生する年のようだ。この調子で財布の中身の金銭も大発生してほしい。

仕事が終わって、山荘裏で花火大会。

＊

8月16日　曇り後晴れ　朝7時気温19度

今日は待望の休日。

午後よりフミちゃんと暮雨《くらぞめ》の滝へ。フミちゃんはヒロエちゃんの妹で、東京の大学に通っている。高校1年の頃から、夏休みになると山荘に遊びにやって来るのだ。

滝に到着するなり、フミちゃんは服のままバシャバシャ泳ぎ始めた。僕も滝壺の辺りまで行ってみたが、足がまったく届かない。僕の背は約180センチであるから、2メートル以上の深さがあることになる。小さな滝でも奥は深いのだ。

＊

暮雨の滝で泳ぐフミちゃん（8.16）

サワギキョウ（8.17）

8月17日　曇り時々晴れ　朝7時気温19度

お昼よりポリと坊がつるへ。キャンプ場トイレ裏手にサワギキョウの群落を発見し、撮影。ところが、ぬかるみに膝上まではまってしまい、しばらく身動きとれず。「おいポリ、ちょっと手を貸せ」と言ってみたが、ポリはあたふたしてグルグル回っているだけ。このぬかるみは手ごわい。小さな子供なら呑み込まれてしまうぞ。しかもトイレ裏で少々臭う。「坊がつる底なし糞臭沼」である。これは伝説になりそうだ。

やっとのことで抜け出したが、臭い付きの泥だらけ。即、撤収。

＊

8月19日　曇り　朝7時気温18度

ポリはなんだか疲れ気味。このところの重労働ならぬ重散歩がたたったか。

そういえば　朝方まゆちゃんがポリの水を替えにいくと、ポリがしゃべったそうだ。「おはよう」と声を掛けると、「あ、うん」と言ったそうだ。

＊

8月23日　晴れ　朝7時気温16度

客室裏にオタカラコウとシシウドが咲いていた。図鑑には秋の花とある。もう秋なのだ。とうとう今年の8月もずっと

オタカラコウ（8.23）

2mを超えるものもあるシシウド（8.23）

山にこもりきりであったなあ。というわけで海水浴は当然できなかった。かき氷も食べなかった。ヒマワリも見ていない。サザンも聴かなかった。幽霊も見なかった（見たことないけど）。しかしスイカは食べたぞ。暮雨の滝で川遊びもした。蚊にも刺された。ミヤマクワガタ、カブトムシも捕まえた。山の夏をそれなりに味わっているのである。

＊

8月25日　晴れ後雨　朝7時気温16度

ポリ大怪我。昨日から、くじゅうのガイド犬として知られる名犬・平治の取材とかで東京からテレビ局が来荘しているが、その平治役となるどでかい犬がポリを襲ったのだ。ポリは横腹と前足の付け根の辺りをパックリと裂かれ、動くと血が滴り、キャンキャン鳴き叫ぶという、なんとも痛ましい状態でうずくまっていた。

　すぐに麓に連絡をとり、湯布院の動物病院へと行くことになった。運搬車に乗せるのが一苦労で、抱きかかえようとしても激痛のため悲鳴をあげて暴れだしてしまう。可哀相であるが首輪をつかみ、首吊り状態で乗車。林道終点より社長宅の軽トラックの荷台に移り湯布院へ。

　しばらくして動物病院より電話があり、手術をすることになったという。がんばれポリ。

＊

8月26日　曇り時々晴れ　朝7時気温16度

　昨日大怪我を負ったポリは、手術も無事成功し、下界で療養中。やっと動けるようになったらしく、エサも食べ始めたという。医者の話によると、薄皮一枚が命を取りとめていたとのこと。あと数時間病院に来るのが遅ければ死んでいたらしい。危機一髪ポリである。

＊

8月27日　晴れ　朝7時気温14度

ポリは順調に回復中。エサもたくさん食べるようになったそうだ。安心安心。帰ってきたらドギーマンの特製ビーフベジタジャーキーでお祝いだ。

＊

8月28日　曇り時々晴れ　朝7時気温14度

佐賀からの高校生40人程が来荘。2泊の予定で、明日は大船山に登るとのこと。夜は大部屋で僕の写真のスライド上映会。去年も上映したのだが、どうも10代の若者には自然の風景だけというのは眠気が襲ってくるようであったので、今回は山荘での暮らしぶりなどもスライドにまぎれさせておいた。それが成功したのか、なかなかみんな楽しげにキャッキャ騒ぎながら観てくれた。しかし10代の若者たちに囲まれるのは、うれしさと同時にまったく照れくさいもんだ。

＊

8月29日　晴れ　朝7時気温14度

昨日から宿泊の佐賀の高校生たちは実ににぎやかで、

テラスで「ペッパー警部」を歌って踊っていた。ちょっと時代が違うような気がするが、佐賀では流行ってんのか？　受付で仕事していたら写真をいきなり撮られた。女の子ならにっこりニコニコしてあげるのだが、撮っていたのは体育学科のごっつい男子学生であった。まあ、好きにしておくれ。部屋には飾るなよ。

ポリはいたって元気。多くの方からご心配いただき、ポリもまったく幸せものです。しっかり伝えておきます。伝わるかどうかは分かりません。

＊

8月30日　雨　朝7時気温14度

久々に朝から雨。一日中肌寒い日であった。

来週からいよいよ北アルプス研修登山だ。楽しみといえば楽しみなのであるが、一つ不安がある。4年前にも研修で北アルプスへ行ったのだが、その時高山病になってしまったのだ。白馬大池まではなんてことなく元気そのものであったが、白馬岳が近づくにつれ体がぐったりとなり始め、白馬山荘到着と同時にダウンしてしまったのだ。これが高山病というやつかと初体験を喜ぶ余裕などない。夕食はなかなか喉に通らなか

オタカラコウの群落（8.31）

ったのであるが、白馬山荘は味噌汁が飲み放題であるため、味噌汁だけガブガブと7杯も飲んでしまった。すると、あら不思議、とたんに体調はよくなり、今までのぐったりは消えうせてしまったのだ。

3時間程の苦しみであった。ありがとう味噌汁様、と50回はつぶやいた。味噌汁と高山病。因果関係を早急に解明してもらいたい。高山病の新たなる対処法かもしれません。

ということで今回は味噌汁を水筒に入れようかとも考えている。

佐賀の高校生たち、朝方下山。売店で女子生徒が「アロンアルファ貸してください」と来たそうであるが、何をするのかと思いきや前歯をくっつけていたという。さし歯ならぬ接着歯か。たくましいと言うべきなのかどうか。佐賀で流行ってんのか?

まゆちゃんは白馬登山に向けてトレーニング中。昨日の夜は砂防ダム付近で縄跳びをしてきたらしい。

＊

8月31日　曇り　朝7時気温14度

マー君と山荘近くの鳴子川付近の草刈をしていると、ススキ群落の中からオタカラコウの群落が現れた。秘密の花園といった感じだ。黄色がまばゆい。

この日記を読んでくださっている岡本さんより梨が届く。梨は果物の中でもベスト3に入る大好物であるので、これはうれしい。白馬登山の前にみんなで食べよっと。ありがとう岡本さん!

ポリは順調に回復中。抜糸が終わるまで吉部の社長宅にて療養予定。手術した所は毛を剃っているらしいが、黒毛の所の皮膚は黒だという。秘密の黒皮膚か。

秋

段原の紅葉（10.11）

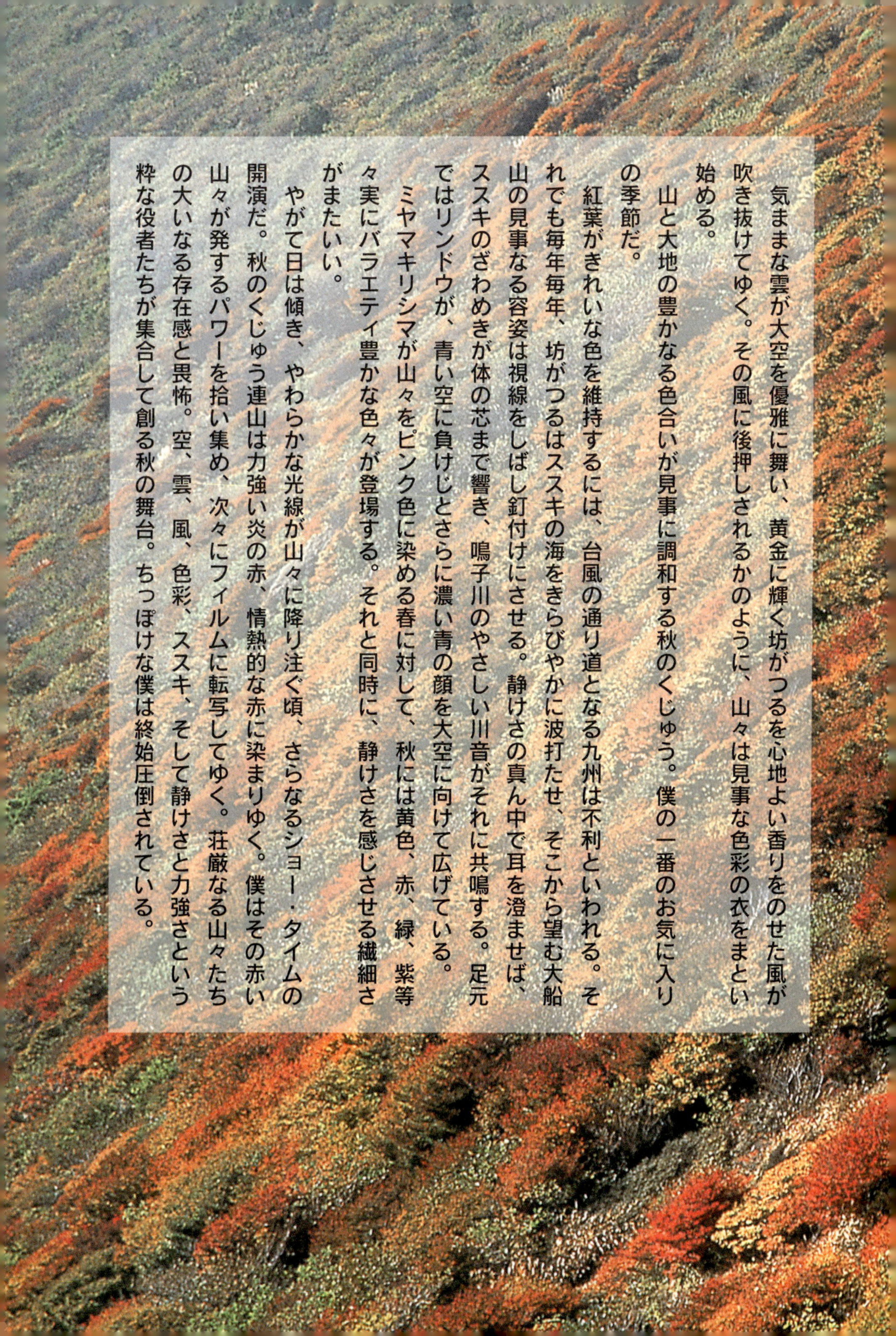

気ままな雲が大空を優雅に舞い、黄金に輝く坊がつるを心地よい香りをのせた風が吹き抜けてゆく。その風に後押しされるかのように、山々は見事な色彩の衣をまとい始める。

山と大地の豊かなる色合いが見事に調和する秋のくじゅう。僕の一番のお気に入りの季節だ。

紅葉がきれいな色を維持するには、台風の通り道となる九州は不利といわれる。それでも毎年毎年、坊がつるはススキの海をきらびやかに波打たせ、そこから望む大船山の見事なる容姿は視線をしばし釘付けにさせる。静けさの真ん中で耳を澄ませば、ススキのざわめきが体の芯まで響き、鳴子川のやさしい川音がそれに共鳴する。足元ではリンドウが、青い空に負けじとさらに濃い青の顔を大空に向けて広げている。

ミヤマキリシマが山々をピンク色に染める春に対して、秋には黄色、赤、緑、紫等々実にバラエティ豊かな色々が登場する。それと同時に、静けさを感じさせる繊細さがまたいい。

やがて日は傾き、やわらかな光線が山々に降り注ぐ頃、さらなるショー・タイムの開演だ。秋のくじゅう連山は力強い炎の赤、情熱的な赤に染まりゆく。僕はその赤い山々が発するパワーを拾い集め、次々にフィルムに転写してゆく。荘厳なる山々たちの大いなる存在感と畏怖。空、雲、風、色彩、ススキ、そして静けさと力強さという粋な役者たちが集合して創る秋の舞台。ちっぽけな僕は終始圧倒されている。

9月

夏山シーズン終え、ほっと一息の山々

9月1日　曇り後晴れ　朝7時気温12度

ボランティア100人程が坊がつるに集結し、来月行われる**輪《わ》地《ち》焼《や》き準備**のための草刈作業を行った。来年3月に行われる野焼きの準備として、野焼きを行う範囲の周りを10メートル程の幅で刈り、そこをあらかじめ焼いておき、防火帯にする作業を輪地焼きという。要するに大きく3段階に分かれるわけで、防火帯にする場所の草をまず刈って、次にそこを燃やして防火帯完成、そして本番の野焼きというわけだ。輪地焼きは延焼防止のための大事な作業なのだ。

　去年の野焼きでは三俣山側に飛び火してしまい、間欠泉のごとく火柱が高々と上がり大騒ぎとなった。僕は遠くのほうから「うーん、よく燃えておるなあ」と感心して写真など撮っていたのであるが、大変なことになっていたのだ。そんなことが二度とないよう（写真のことではなく飛び火のこと）、輪地焼きはしっかりしておく必要があるのです。

　坊がつるの野焼きは2000年に32年ぶりに再開されたが、昔は三俣山の中腹まで焼いていたようで、法華院先代のじいちゃんの昔の写真を見ると、くっきりとその跡を確認できる。野焼きはもともと良質の牧草を得るために行われていたのであるが、その昔、この坊がつるにもたくさんの牛が放牧されていたそうだ。柵の跡は今でも残っていて、鉄の支柱がグルリと坊がつるを囲むように並んでいる。昔はこの牛たちが天気予報にも役立っていたらしく、牛たちは大雨や台風が来るとなると、前日から木々の間に逃げ込んでいたらしい。野性の本能なんだろうな。

　しかし、鉄の支柱は撮影にはまったく邪魔なのだ。

輪地焼きの準備（9.1）

9月2日　雨　朝7時気温15度

雨の中、**温泉配管修理作業**。体が冷えてしまい、部屋に戻って久々にファン・ヒーターのスイッチ・オン。油臭さが冬の光景を思い出させる。もうそんな季節なんだなあ。

＊

9月3日　曇り　朝7時気温15度

明日よりいよいよ北アルプス登山。数年に一度行っている研修登山なのだ。

今回は白馬山荘と白馬鑓《やり》温泉に宿泊予定。3年前に行った時は、白馬山荘に一泊しただけであわただしく下山したのであるが、今回はゆとりを持って登山を楽しめる。鑓温泉にはたしか法華院の写真が飾ってあったけど、今でもあるのかな。

まゆちゃんは登山中クマに襲われるのではないかと怯えている。雨ケ池にもきっとクマがいるに違いない、とまゆちゃんは言い張る（絶対にいません）。遺書を書いておこうかと悩んでいた。

白馬登山記

【9月4日】

山荘を午前10時半出発。この日の朝、以前山荘でアルバイトをしていた元気娘タケが僕たちをぜひ見送りたいということで来荘。30分程の再会でバイバイ。そういえば前回の白馬研修登山出発の時も見送ってくれたな。タケはいつもいつも見送ってばっかなのだ。本人も空しいらしいが、来たけりゃ自費で来なさい。

福岡空港14：00発の飛行機で松本へ。松本からは列車で白馬村へと向かい19：16分着。駅では民宿のオヤジさんが迎えにきてくれていた。駅から車で10分程の所にある洒落た西洋風たたずまいの民宿である。

早速夕食となったが、豪華さと量に驚く。魚にステーキにデザートに……大食いの僕でも腹一杯となる。松本駅で夕方、マクドナルドのハンバーガーを食べたことを非常に悔やむ。風呂も広い。部屋は和室で、マー君と一緒だ。マー君は暑いと寝相が悪いらしく、この日も窓を閉め切ったため暑苦しい夜となったのだが、案の定、夜中にマー君の足が僕の腹を直撃した。

【9月5日】

朝7：00、民宿のオヤジさんに猿倉《さるくら》まで送ってもらい、いざ白馬山荘へ。天気は曇り。雨は降っていないから登山にはちょうどいい。みなさん張り切って出発したが、果たしていつまで持つのやら。

9時過ぎ、白馬尻小屋に到着。気さくな支配人に挨拶。みんなキー・ホルダーをお土産にもらう。白馬尻小屋は燃焼式トイレ「ミカレット」を導入していた。これは南極の昭和基地でも使われている環境に優しいトイレだ。しかし莫大な資金が必要なため、トイレ横には募金箱が設置されている。やはりトイレの問題はどの山小屋でも深刻なのであるなあ。

白馬尻小屋を過ぎ、大雪渓の手前で晴れ間が見え、すかさず三脚を立て撮影。そしてアイゼンを装着し、いよいよ大雪渓。しかし思ったほど難所はなく通過。拍子抜けするほどあっけなかったなあ。でも、すぐ近くにはクレバスがぱっくり口を開けているため油断は禁物。まゆちゃんがお腹を冷やして腹痛を起こした以外は皆元気。腹巻がほしいと言うが、腹巻を売っている山小屋なんて見たことないから、あきらめなさい。

ガスが真っ白に周囲を覆い尽くし、まだかまだかと登り続けているうちに、突如として村営頂上宿舎が現れる。ということは白馬山荘は目の前だ。前回のように気分も悪くない。高山病にならなかったぞ、と勝利のホット・ミルクを飲み干す。

15時半、白馬山荘着。相変わらずガスで真っ白であるが、一番きつい今日の日程を終え、ホッとして客室へ。今日は40人程の宿泊者がいるそうだ。僕らはとりあえずＶＩＰ待遇であるため、4人の個室なのだ。畳の部屋で、窓からは晴れていれば白馬岳が見えるのであるが、まったく見えず。4人とも元気に、いざ売店物色へ。

しばらくして、フロント主任の方が白馬山荘内部の案内をしてくれた。この日本一大規模な山荘には様々なタイプの部屋があり、個室料金2万円ともなると、ベッドが二つでんと置かれているホテル・クラスのツイン・ルームとなる。ほかに10畳の床の間付き和室などもあり、これら高級クラスの部屋は3号館に集中している。これよりランクがちょいと下がる2号館には畳2畳の二人部屋などがあり、これは屋根裏の隠れ家

北アルプス登山

猿倉〜白馬尻〜白馬山荘
〜白馬鑓温泉小屋〜猿倉

的で、個人的には心ときめく。そして最も山小屋らしさを味わうことのできる1号館は、要するに最低クラスであるが、雑魚寝《ざこね》タイプのフェリー2等客室状態となる。こういった空間には日本人が忘れかけている何かがあり、田舎的懐かしさを感じさせる匂いが充満していることが多いのであるが、ここも正にそうなのであった。言葉ではなんと表していいのか分からないが、とにかくあの香りの空間なのだ。

しかしこの空間は、2000人近く泊まる日などは一畳に3人が寝っ転がる計算となり、廊下も人・人・人状態となり、そんな香りを楽しむ余裕などなくなってしまうようだ。隣りの人の足の臭さで窒息気味となり、命の危険性もあるかもしれぬ。

このように様々なクラスの部屋を見ていると、この巨大山荘がタイタニック号に思えてきた。

夕方、少々晴れ間が見えてきたので、マー君と白馬岳頂上付近へ散歩。白馬山荘は白馬岳頂上まで歩いて15分という絶好の立地条件なのである。しばらく歩くと、太陽が見えるたびにブロッケン現象が現れ、おもしろいおもしろい。マー君と二人並ぶと、ブロッケンにも二人の影が現れるのだ。くじゅうでは久住山山頂で一度だけ見たことがあるが、こんなにあっけなく遭遇できて、しかも二人影のブロッケンとは、さすが3000メートル級なのである。

夕食を済ませ、スカイプラザでぜんざいを食べて、皆さんおやすみなさい。

＊

【9月6日】

早朝4時半に起き、皆で白馬岳頂上へ。天気は快晴のようで月が明るい。雲ははるか下方にあり、ふかふかじゅうたんの上に山が乗っているみたいだ。やがて赤い太陽がジワジワと覗き込むようにゆっくり顔を見せ始め、山々を赤く染めていった。僕は夢中で撮影。富士山まで見えるではないか。望遠で数枚撮影。槍ケ岳上空には虹らしきものが現れ、これまた幻想的。

7時過ぎ、白馬山荘出発。

白馬岳山頂から右手奥に望む富士山
(9.6)

白馬岳山頂より望む白馬連峰。右後方に槍ケ岳（9.6）

よっちゃんが先頭を務め、杓子岳、鑓ケ岳を登って白馬鑓温泉へと下る。

15時過ぎ、白馬鑓温泉到着。食堂には法華院の写真が飾られている。支配人の方はひげを蓄え、仙人のようだなあ。読書家のようで、売店で静かに本を読んでいた。その横ではスタッフの女の子が編物をしている。ほのぼのした山小屋のワン・シーン。よっちゃんは到着するなり頭痛に苦しんでいたが、温泉に入るとすっかりよくなっていた。頭痛に効くのかここの温泉は。単に疲れがとれただけかな。ここの露天風呂は開放感にあふれて眺めも最高である。

この日は20人程が宿泊。ほとんどが白馬山荘で見かけた顔である。ここではもちろん雑魚寝。夕食を終えると何もすることがなくなってしまい、4人で寝っ転がりしばし談笑。しかし7時半頃になると、みんな眠くなったようですやすや寝てしまった。7時半というと下界ではまだ夕方ではないか。なんだか寝てしまうのももったいないので、食堂からスタッフお薦めという『ハリーポッター』をお借りしてヘッドライトで読みふける。

*

【9月7日】

白馬鑓温泉を7時前に出発。

猿倉までの道のりは長い。しかし今日の夜には法華院なのだ。3年前はこのコースでよっちゃんがステンと転び、お尻を打って2カ月程痛みに苦しんだ。転んだ所にちょうど尖った石があったのだ。しかし今回は皆無事に下山。まゆちゃんが最も恐れていたクマにも遭遇しなかったぞ。

白馬村で温泉に入り、信州そばを食べ、特急に乗って新宿へ。16時半、新宿に到着後、休む間もなく羽田へと向かい、福岡行き飛行機に乗り込む。

物憂げなポリ（9.9）

20：20、福岡着。社長が迎えに来てくれていて、いざ法華院へ。

23：00、法華院着。ヒロエちゃんがキャーといって皆を迎えたが、疲れてたので無視した。

大怪我から復帰のポリが帰ってきていた。お帰りポリ。しかし抜糸は僕たちがすることになっているという。素人にできるのかな。

＊

9月8日　雨　朝7時気温16度

ただいま。

北アルプスより無事帰荘。高山病になることもなくいたって元気。３０００メートル級の山々の登山ということで、それなりの心の準備をしていたのであるが、行ってみるとそれほど体にこたえることもなく、立中山－大船山登山ルート開拓作業のほうがよっぽどキツかったと思うのだ。自然と日々鍛錬していたということなのかな。

一緒に行ったよっちゃん、まゆちゃん、マー君もいたって元気。みんなさすが山小屋住人であるなあ。

＊

9月9日　曇り後晴れ　朝7時気温18度

久々に愛犬ポリと坊がつるを散歩。ポリはすっかり元気になっているが、両脇の大きな傷跡が痛々しい。左側の傷は抜糸もまだであるため糸が出ている。今週中に僕たちが抜糸しなければならないのであるが、果たしてポリはおとなしくさせてくれるだろうか。というか、抜糸なんて簡単にできてしまうものなのだろうか。

＊

9月10日　晴れ後曇り　朝7時気温18度

ポリの抜糸を決行。なでなでしてゴロンと寝っ転がらせたところで、すばやく傷跡に手を伸ばし糸をキュンと引っ張ってみた。すると皮膚がビヨンと伸びただけで糸はなかなか抜けない。ポリは尻尾を振ったままだから別に痛くはないようだ。強く引っ張ると傷口が開いてしまう気がしてなかなか難しいなあ。しかし傷口は完全にふさがって瘡蓋《かさぶた》ができている状態なので、開く心配はないと判断し、エイッと力を入れて引っ張ってみた。すると、一瞬皮膚が盛り上がり、キュルルッと糸は抜けた。ちょいと血がついているようだが、ポリは何事もなかったかのようにお手などやっている。即席獣医・川上の腕もなかなかのもんですなあ。抜糸成功。これであとは瘡蓋が取れて毛が生えそろうのを待つだけだ。新しい毛もやはり黒と白のようだな。そりゃそうか。いきなり茶髪になるわけないし。

マー君が体の調子をくずしダウン。高山病か。いやもうとっくに降りてるのだ。今頃高山病になっていたら、ものすごい鈍感体質ということになる。単なる風邪だろう。

＊

9月11日　雨時々曇り　朝7時気温16度

山荘看板下で真っ黒なヘビを目撃。しかもアオダイショウ並みにでかい。一体なんというヘビだろう。みんなに話してみると、マー君の説では、脱皮したてのヘビは黒いとのこと。なるほどなるほど。山荘周辺にはヘビの皮があちこちにあるみたいだし。しかしまゆちゃん説によると、まゆちゃんの実家がある大分県犬飼町ではクロヘビというヘビがいるそうだ。シマヘビならよく聞くが、クロヘビなんていうヘビは聞いたことないぞ。図鑑でも見た覚えはない。犬飼町特産ヘビかもしれん。またこの町では2メートル・ジャンプするヘビもいるという。犬飼町在住のマスダさんが見たから間違いないのだそうだ。誰なんだ、マスダさんってのは。

以前、山荘外壁の換気扇跡に鳥が巣を作っていたのであるが、その巣を狙いアオダイショウが何度となく姿を見せていた。巣がある換気扇跡は地面から3メートル近く上であるから大丈夫だろうと思いきや、なんとアオダイショウはするすると体を直立させ登ってゆき、巣に届いてしまったのだ。しかも二匹並んで直立していた。幸い巣に鳥はいなかったが、一体どのようにして巣に届いてしまったのか、目撃したにもかかわらずよく分からないのだ。足を掛けられそうな所もな

い（もっともヘビに足はないんだけれど）。恐るべしアオダイショウの背筋力ということだろうか。とすると、2メートル・ジャンプのヘビもいるかもしれん。

＊

9月12日　曇り時々雨　朝7時気温14度

今の時期、クサボケの実が大きくなってきている。おおかたはネズミなどに食べられてしまうのであるが、客室裏のクサボケの実は無事のようで、でっかい緑色のクルミのような実をつけていた。今日は社長が吉部より持ってきたクサボケの実の焼酎漬け準備作業。4時間近くかけてボケの実を四つ程に切って種を取り出す作業をする。数カ月後にはおいしいクサボケ焼酎漬けができるのだ。お客さんの夕食にも時折登場しているのだが、「これは一体なんですか」とよく聞かれる。なかなか好評のようです。

今日宿泊予定の女性二人から、白口谷への降り口が分からないと3時頃電話がかかってきた。谷ではなく尾根を歩いているということで、一体どこにいるのかよく分からない。池ノ小屋まで引き返すよう指示してしばらく待機。20分後再び電話があり、久住分かれまで引き返し北千里浜経由で来るように薦めた。すると、10分後再び電話があり、今、中岳頂上とのこと。よく分からん行動しておるなあ。数日前も白口谷で迷った方が朝方やって来て、その方は白口谷の岩に寝っ転がって夜を明かしたそうだ。「星がきれいで感動した」との余裕のコメントを残して去っていった。気持ちのゆとりも遭難した時は大事なのであるなあ。まあ、これは人それぞれの性格にもよるだろうけれど。

迷った女性二人も、日が暮れる直前に到着。お疲れさま。

＊

9月13日　曇り　朝7時気温17度

白口谷、坊がつる上空を低空飛行でヘリが飛んでいた。レスキュー隊のようだ。「返事してくださーい」とマイクで叫んでいるため「はーい」と返事しそうになったが、捜しているのは僕ではない。一昨日から行方不明の方がまだ下山していないのだそうだ。朝から何度も署から連絡があり、天候などを詳しく聞かれた。ガスが時折真っ白にしてしまうためヘリも命がけだなあ。結局、昼過ぎに無事救助されたらしく、よかった

よかった。

　このところ遭難が多発している。特に御池《みいけ》から白口谷辺りは初めての方はガスに巻かれたらお手上げ状態かもしれないなあ。何度も行っている僕でもあの辺りで巻かれたら怖い。

　シャツを裏返しに着ていたのをよっちゃんに発見された。エプロンが裏返しだったり靴下が破けていたりと、僕がまったく気づかない所を女性陣はちゃっかり見ているのであるなあ。「今流行ってんだ」という言い訳も、この頃は聞いてもらえなくなってきた。食事中も「口の周りにタレがついてるよ」などとよく指摘される。僕はつまりお子ちゃまか？　まゆちゃんからはよく「アホ、アホ」と言われる。

＊

9月14日　曇り　朝7時気温18度

　アメリカ人二人が素泊まりで宿泊。陽気な男性二人で、やせと太っちょだ。映画『ツインズ』を思い浮かべたが、双子ではない模様。法華院にもかなり外国の方が来るようになってきた。日本人にはないキャラクターの持ち主が多いのも面白い。ある白人男性は、小さなギターを脇に抱え、ポロンポロン鳴らしながら受付にやって来た。スナフキンかと思ったぞ。「これはバックパッカーという名のギターで、持ち運びが便利で俺の親友さ」と自慢しながらポロンポロン弾いていたが、スナフキン同様どこか寂しげであった。こういう強烈さの持ち主は日本人にはなかなかいないよなあ。特に山では。

　あるご年配のアメリカ人男性がやって来た時は、牧ノ戸までのコースを教えてあげると、たどたどしい日本語で「あなたはワータシに道を教えてくれまーシター。わたしもアーナタに道を教えてさしあげマース」といってキリスト教勧誘のパンフレットを置いていった。ユーモアあるなあと感心したが、信者にはなっていない。

　数年前、80人近くの韓国人がやって来た時は皆さんキムチ持参であった。しかも何やらとにかくみんな怒っていた。何に怒っていたのかさっぱり分からなかったが、辛いものばっか食ってたら怒りっぽくなるのかな。

　ほかに世界の山の雪形を求めて放浪しているスイス

人学者や、若い中国人ガールフレンドを連れてきた精力抜群白人老人もいた。山荘スタッフもそのうち英語必須となる日が来るかもしれんなあ。そりゃないか。

　この日記を読んでくださっている延岡の消防士・佐藤さんより、ポリのお見舞いとしてビーフ・ジャーキーが届く。とてもおいしそうに見えるが、やはり人間が食べるとまずいのだろうか。ポリに一口ねだろうかな。

＊

9月15日　雨　朝7時気温18度

　本日は特別講座です。講座名は「**くじゅう法華院でインターネットを楽しむための基礎講座**」。講師＝法華院インターネット歴10カ月の川上信也、つまり僕。

　法華院の電話は無線電話であるため、パソコンでのインターネットは移動可能なノート・パソコンと携帯電話を使用することになる。とにかく電波状況は悪いのだが、とりあえず乾燥室付近ではアンテナが2本立つことがある。そして、このような微弱電波地帯で携帯をそのままパソコンにつなぐと、電波はさらに弱くなってしまい、すぐさま圏外となる危険性があるため、

専用のアンテナを取り付けなければならない。ということは、パソコンとアンテナを同時に接続できる離れ業をやってのける機種でなくっちゃあイカンのだ。この条件を満たしてくれるのは僕の研究結果、とある一機種しかないということが判明した。ここまでたどり着くのに僕は軽く一月かかった。

　しかし電波というものがこれまた曲者《くせもの》で、なぜだかよく分からないが、天候に非常に大きく左右される。晴れた日はすぐさま受信できるのであるが、雨の日や風の日ともなるとなかなかつながらず、何度もかけ直す羽目となる。電波は登山客と一緒で、雨風の日は来荘を控えるようなのだ。ということで、このような日にインターネットをしようと思えばかなりの根気、忍耐が要求される。しかも短気を起こしてはパソコンを投げ出す危険性があるため、ある程度のんきな性格が好ましい。しかもしかも、今日のように雨の日の土曜日でお客さんが多い日などは、乾燥室は確実にカッパ

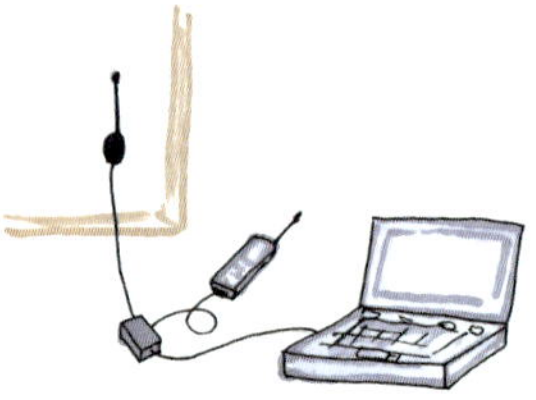

でごった返している。するとこの汗臭いカッパの中をかいくぐってゆく勇気、決断力、そして探検心も要求され、しかもパソコンを濡らしてはならないという愛情、繊細さも同時に兼ね備えてなくてはいけない。そして暗く臭い乾燥室で一人画面に向かってごそごそキーを打つという孤独にも耐えなくちゃあいけません。

　ということで、今日のような日が最も悪条件ということになりますな。

　早く何とかしてもらいたいもんだ。山での携帯電話の需要はどんどん高くなっているのに。

　結論。法華院でインターネットを楽しむのは大変なのであります。閉講。

＊

9月22日　晴れ　朝7時気温8度

　休みから法華院に戻ってくると、寒い寒い。朝の気温は8度だったらしい。さすが、山！

　坊がつるのススキたちは太陽光に穂先を真っ白く輝かせ、風がシュワワアーッと澄んだ音色を響かせながら吹き抜けてゆく。坊がつる全体が一枚のじゅうたんのように波打っている。ひと月もすれば、このじゅうたんは一面黄金色に染まるのであるなあ。ペルシャじゅうたんなんて目じゃないぞ。

　お昼過ぎ、坊がつるでやけどを負った方がやって来て救急車出動となった。社長が林道終点まで送る。テントの中でガス・コンロを使っていたらしく、テントごと燃えてしまったらしい。寒いからといって注意を怠ってはいけません。燃えたテントをいただいたが、どう考えてもゴミじゃないかい。

＊

9月23日　晴れ　朝7時気温10度

　登山客は朝から老若男女ひっきりなしにやって来る。連休であるし、まさに登山日和なのだ。坊がつるには色とりどりのテントが見える。テントはしかし寒いだろうなあ。外国人のグループもやって来て「今日は野宿です」とつぶやいていた。山荘にやって来る白人は

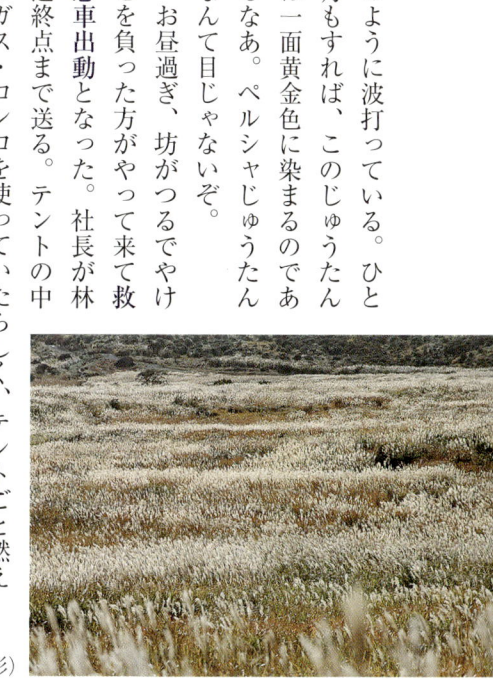

ススキのじゅうたん（10月撮影）

リンドウ（9.24）

とにかくお金を使わない。〝バックパッカー魂〟とでも言おうか。

　昨日燃えてしまったテントを処分。すると、テントの中からガスやら米やら鍋やら靴まで出てきた。靴はなんだか遺品のようで不気味だ。食料も大量にある。ということで自ずと山荘従業員のお昼はこの方たちからいただいたカップ・ラーメンであった。一つは底が熱で溶けてしまっていて、なんだか生々しいぞ。麺ではなくて器が。

　まゆちゃんが1時間しか眠れないという夢を見たそうだ。ややこしい夢だ。

＊

9月24日　晴れ

朝7時気温13度

　今日で僕の20代は終了。明日からとうとう30歳となる。はばたけ30歳！　などと心で叫んでいたら、いつも日記を見ていただいている首藤さんが来荘し、誕生日プレゼントをいただいた。作業中でお目にかかれなかったのですが、ほんとうにありがとうございます。

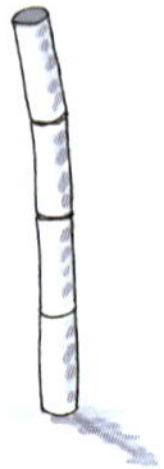

トイレット・ペーパーの小塔

　朝方、**トイレ掃除**のヒロエちゃんが、トイレット・ペーパーの芯が数個、縦に積み重ねられている現場に遭遇。数カ月前にもこのように積み重ねていた人がいたらしいのであるが、果たして同一人物の仕業か。そういえば昨日はよく見かける顔が数人いたが、果たしてこの中に犯人はいるのであろうか。別に悪いことをしたわけではないからどうでもいいんだけど、ちょいと気になる、心境が。

　夕方、ポリを連れて大船林道終点まで散歩。鮮やかな紫の**リンドウ**を発見。本格的な秋の到来である。すると、ポリが草むらでなにやらごそごそやっている。

「ポリ、なにやってんだ」と呼ぶと、**モグラ**をくわえて出てきた。モグラ猟犬なんて、なんも役に立たんぞ！

　帰ってポリ・モグラ猟事件をまゆちゃんに話すと、「私は青いモグラを見たことがある」と言い出した。アオモグラというのだそうだ。ほんまかいな。先日は2メートル飛ぶヘビがいると言い張っていたが、どうも犬飼という町には奇怪な生物が数多く潜んでいる模様。ファーブル、シートンも真っ青だ。恐るべし大分県犬飼町。

＊

9月25日　晴れ後曇り　朝7時気温10度

　今日からいよいよ**30代スタート**。まだまだ若い若いと言い聞かせていたら、先週痛めていた膝が悪化。とうとう膝に来たかなどとからかわれたが、これは古傷だから仕方ないのである。平均寿命の高い日本において30代などといえば、まだまだ人生のひよっこなのであるぞ。永遠の若者といわれる坂本竜馬も30代だ。しかし高杉晋作は29歳でこの世を去ったから、年上になってしまったなあ。

　膝の痛みを我慢して、草刈機を背負って坊がつる野焼きのための**輪地焼き準備作業**。あせび小屋の方の話によると、「坊がつる讃歌」が流行っていた頃、この辺りはお花畑のように花が咲き誇っていたという。鉾立峠から坊がつるにかけては花々が一直線のじゅうたんのように咲き乱れ、今の坊がつるキャンプ場へと続く木道辺りはノハナショウブの大群生地であったらしい。大勢の人々が湿原に足を踏み入れると同時に、アセビ、ウツギがどんどん湿地内に繁殖し始めてから花々は減り始め、野焼きも行われなくなってからは昔の面影はないとのこと。野焼きを再開してからは一気に高山植物が増えたが、それでもまだまだ昔とは比べものにならないらしい。

　昔の野焼きは牧草地の確保というのが主な目的であったが、坊がつるの野焼きは湿原を守るという目的で再開されたようだ。野焼きには賛否両論あるようだが、登山者がこれだけ足を踏み入れている以上、人の手で守っていかなければならないものもあるんだろうな。果たしていいことなのかどうか、坊がつる自身にお聞きしてみたいもんだ。

9月26日　晴れ　朝7時気温12度

坊がつるで**タヌキの死骸発見**。運搬車が跳ねたのか？　坊がつるで交通事故とはタヌキも屈辱的だろう。しかし外傷はない模様。

山荘では相変わらず女性スタッフをからかいながら過ごしているが、よっちゃんとまゆちゃん曰く、「〝いやな感じ大会〟があったら、川上さんは間違いなく優勝」なんだそうだ。望むところだ。このまま優勝を続けて栄誉賞を獲得しよう。ということで、からかいは続く。

＊

9月28日　雨後晴れ　朝7時気温14度

サル出没。

「サルサルサル！」とカツヒサが厨房で叫び、女性スタッフたちもそれに続き雄叫びをあげる。すると、外の運搬車車庫辺りをのそのそとサルが歩いていた。僕はすぐさまカメラを部屋から持ってきて、よーし、今度こそとってやる（捕るではなく、撮る）と意気込み、従業員室の扉を開け外に出ると、なんと真上の屋根から僕を見下ろしていた。しばし金縛り状態で見つめ合う。デカい。ボスザルの風格だ。

おっとイカン、たしか高崎山の注意書きには「目を合わせないように」と書いてあったぞ。視線をそらしカメラを構えたと同時に、サルは屋根から屋根へヒョイと飛び越えて裏山へと逃げ込んでしまった。逃げ込むというより、のそのそと非常に落ち着いた足取りで去っていた。カメラ持って駆けている僕のほうがよっぽどサルっぽいではないか。ちくしょう。

夕方、ポリと坊がつるへ。

坊がつるが三俣山の陰になり始めたところで撮影開始。この時間帯は最も ススキが輝く。昼間の白っぽさ

坊がつるのススキ（9.28）

上・下＝ヤマラッキョウ（9.28）

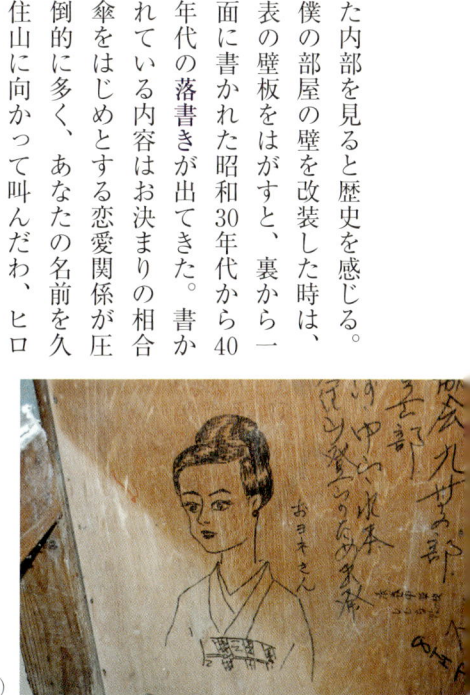

がなく、黄金の大地へと変貌する。ポリもじっと感慨深そうに見つめているが、よだれが垂れている。あっという間にフィルム5本終了。

帰り、坊がつるのトイレ裏辺りを歩いていると、**ヤマラッキョウ**を発見。

＊

9月30日　雨　朝7時気温11度

本日午後より**山荘客室の床板修理**。自炊部屋にはかつて掘り炬燵があったため、畳をはがすと当時のままの掘り炬燵が現れたりする。こうやって山荘の隠され

た内部を見ると歴史を感じる。僕の部屋の壁を改装した時は、表の壁板をはがすと、裏から一面に書かれた昭和30年代から40年代の**落書き**が出てきた。書かれている内容はお決まりの相合傘をはじめとする恋愛関係が圧倒的に多く、あなたの名前を久住山に向かって叫んだわ、ヒロシー！ってな感じの情熱的メッセージもあった。ほかに「これはお前だ！」と力強い文字の隣りに着物姿の女性を描いている優れものもあった。今頃みんないい年だろうなあ。僕もここで四つ、歳とったぞ。

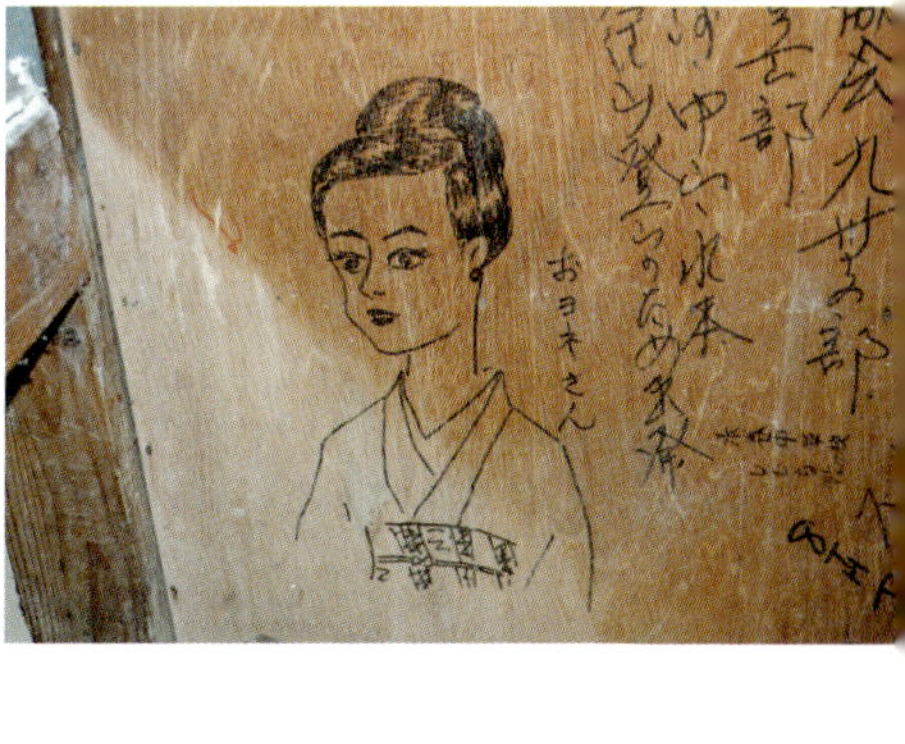

昭和時代の落書き（9.30）

10月

黄金の湿原、赤き連山、落ち葉の風情

マイ・パソコン・ルーム（10.1）

10月1日　曇り　朝7時気温14度

　この頃、乾燥室の電波状況は最悪で、窓から携帯電話とアンテナを宇宙に向かって差し出さなければ通じない。俺は宇宙人とでも交信してるのか。まあ格好はどうでもいいとして、真冬になると手なんかとても出していられないだろう。パソコン通信で手が凍傷になったなどと言ったら、果たして何人の人が理解してくれるというのか。

　山中でのパソコン通信も大変だなあと半ば失望していたら、なんとなんと、バイト部屋の電波状況がすこぶるいい。いいと言っても、

数センチ、アンテナがずれると途切れてしまうが、それでも場所によっては2本のアンテナが立ったりする。ということで、この部屋をマイ・パソコン・ルームと勝手に決定。ゆったり坐ってコーヒー飲みながらパソコン通信とは夢のようであるぞ。

　この頃天気が悪く、なんだか生暖かい。紅葉はちょっと遅れるかな。

＊

10月3日　晴れ　朝7時気温9度

　夜、明るい月が出てきたためポリと坊がつるへ。ヘッドライトをつけると、ポリの目が緑色にピカリと輝き、おっかないためライト無しで向かう。月光に輝く鳴子川を数枚撮影。

＊

10月5日　曇り時々晴れ　朝7時気温12度

　お昼過ぎ、一仕事終えて坊がつるをポリと散歩。坊がつるの中程はさすが湿原といった感じで、ふわふわやわらかい黄緑色のこけのような物体が地面を埋め尽くしている。踏むとグチュリと水分が湧き出てきて、スポンジのようだ。思い切ってここに寝っ転がったら

月光に輝く鳴子川（10.3）

ウォーター・ベッドみたいで気持ちいいだろうなあと思いつつも、洗濯が面倒であるし風邪ひくのもみじめなので、実行はしない。

ポリは僕が撮影中、ずっとこのベッドに横たわってウトウトしていた。汚れても平気というのはうらやましいぞ。所々にヤマラッキョウが咲いている。ススキは相変わらず素晴らしき黄金色の体を背伸びさせ、時折吹く秋風が心地よいサウンドと波濤を発生させては過ぎ去ってゆく。秋だなあ。

部屋に戻り、久々にアジア旅行本を引っ張り出して読む。こういう本を読むと旅に出たくてたまらん病が

再発するのであるが、4年前はその病がピークに達しアジア各国を放浪していた。韓国、中国に始まり、香港、タイ、ベトナム、ネパール等々を2週間置きに巡った。2週間置きというのは、要するに山荘の冬の休暇を利用したということで、2週間山で働いては2週間外国放浪という生活を、12月から3月まで続けたのだ。おかげでその年の法華院では、とことん寒いくじゅうで真っ黒に日焼けした僕が働いていた。熱帯の国から突然、極寒のくじゅう法華院に戻ってくると、そこは氷河期を迎えたどこか遠い星にある寂しい寂しい一軒屋といった感じだったなあ。

当時からカメラに熱中していて、1回の旅にフィルム50本とカメラ2台を抱えて行った。モノクロ撮影がほとんどで、部屋の片隅に

坊がつるのススキが原（10.5）

暗室を設け、旅から帰ってくると、自室に設けた暗室にこもって現像に明け暮れる日々を送っていた。それらは未だに整理できていない。

しかし、久々にあの熱気あふれるアジアに身を置いてみたいなあ。本を読んでそんな思いにかられた山荘での午後。

＊

10月6日　晴れ　朝7時気温5度

お昼より、以前勤めていた会社の方たち4人が来荘。昨日は仕事が忙しくほとんど寝ずにやって来たという。下界の会社は仕事も遊びも体力勝負であるなあ。山荘2度目、3度目の方たちだ。それぞれ坊がつるフリークになりつつあるぞ。これは僕の企みか、魅力か、成り行きか。

＊

10月8日　曇り　朝7時気温14度

お昼過ぎ、三十数年前あせび小屋で番をしてたことがあるという女性がやって来た。坊がつるにやって来るのも三十数年ぶりとのこと。「あのにいさんどうしてる?」と言うのであるが、一体どのにいさんだと思

いきや、よく聞いてみると法華院先代のじいちゃんのことだった。「あー、そうかそうか、もうじいちゃんなんだ」と懐かしげに笑う。

あせび小屋にかつてあった露天風呂のことや、「坊がつる讃歌」ができるまでのことなど、興味深い話をたくさんしていただいた。強烈だったのは、35年程前、坊がつるでは洪水があったそうだ。大雨で山から水が押し寄せ、大学生一人が亡くなったという。「助けてくれー」という声が聞こえたが、どうしようもなかったらしい。その時の声が未だに耳から離れない、と悲しげに話す。北千里浜でかつて大遭難があったことは話に聞いていたが、坊がつるでもあったとは……。

＊

10月9日　雨　朝7時気温14度

あせび小屋（10.8）

表情豊かなるススキたち（10.9）

朝からシトシトと雨粒が軽やかに地面を鳴らしていた。このしっとりした静けさが何とも切ない。トイレから坊がつるを眺めてみると、黄色いススキたちに交じって、赤く紅葉した木々がちらほらと目立ち始めている。雨がその鮮やかさを一層引き出して油絵的な原野風景が広がっている。この山荘、トイレからの風景は日本ベスト3に入るかもしれないな。

夕方、一仕事終え雨の坊がつるを撮影。出発時は小降りであったが、次第に雨足ばかりでなく風も強くなり始め、撮影条件は最悪。傘をさしながら猫背でシャッターを切ってゆく。身の上の条件は悪くとも、被写体の坊がつるススキ群落はなかなかのもの。雨粒の重さでしょげているススキ、強風に揉まれながら激しく踊り狂うススキ、くしゃみばかりで鼻水たらすススキ、メトロノームのごとく一定の動きに専念するススキ、周りについてゆけず落ち込み気味のススキ、おいでおいでと誘惑するススキ、あっち行け！と短気なるススキ。うーむ、ススキというのは何という豊かなる表情を持った草木であろう。あたかも人間社会の縮図のようであるぞ。

＊

10月10日　晴れ時々曇り　朝7時気温10度

本日は山荘から雨ケ池までの草刈作業。夏のように、暑くて汗だくで喉カラカラでエンジンうるさくて蚊に刺されながらといった苦痛はないので、結構楽なのだ。

雨ケ池は昨日一日中雨だったにもかかわらず、池の姿形まったく無し。6月にあったあの大池はどこへ消えてしまったのかと、化かされた気分になる。湖があちこちに移動するというSFをふと思い出す。やはりここの池は長雨が続かないと出現しないんだろうな。水をねちっこくジワジワとじっくりゆるゆる吸い取ってゆくという、なんだかいやらしい池であるなあ。しかし雨ケ池のすぐ上にある池は不思議と年中水を湛えている。雨ケ池周辺が火事だった時はここの水が役に立ったのだ。サルの頬袋ならぬ、くじゅう水の頬袋か。

10月11日　晴れ時々曇り　朝7時気温11度

午前中、役場の方々と坊がつる避難小屋とトイレを清掃。避難小屋にはずいぶん足を運んでいないが、思ったよりこざっぱりきれいでホッと一安心。壁は一面落書きであるが、これもまた味わい深いというものだろうな。

トイレは、女子トイレのドアが破れていたり取っ手がグニャリとねじれていたりと、一体どのような力が作用すればこのようになってしまうのか、非常に疑問なる状態であった。風の仕業だろうか。しかし、風が取っ手を曲げたりするかな。待つのを我慢できずにキレた女性の仕業か。火事場ならぬ便所の馬鹿力だ。

坊がつるのトイレは遠くからでも確認できる大きな建物なのであるが、雨ケ池からやって来た人の目にまず映る建物がこのトイレで、これを法華院と間違えたという人が少なからずいるようだ。トイレを目標に進んでゆくというのも空しいものがある。

役場の方は昔から坊がつるにやって来ていたようで、以前は鉾立峠からこの坊がつるに入るのが一般的ルートであったことや、放牧していた時代のことを詳しく聞かせてくれた。また、久住高原の牛がなんと大船山を越えてここまでやって来たこともあるそうだ。ほんまかいな。大船山登山中に牛に出くわしたら、そりゃあパニックだな。

坊がつるは、昔は観光ではなく生活が根付いていた所だったという。

休憩時間をフル活用してポリと大船山へ。頂上付近は坊がつるから見る限り、非常に赤々と染まっているのだ。途中3合目付近でばったりサルと遭遇。牛ではなかったな。しばし目を合わせていたが、ポリがウォンウォン吠えて、追いかけて追っ払う。犬は人間にはなつくが、やはりサルのことは獣と見なすのであるなあ、とポリの行動を見て改めて思った。人間とサルはやっぱ違うのだとヘンな感心をしてしまう。

大船山頂上付近は最高。紅葉した木々が夕焼けのやわらかい日差しと絶妙にからみあい、真っ赤に染まっている。段原《だんばる》の紅葉は去年も撮影したが、その時は午

上＝「すがもりコース」案内板
下＝ライオンズマンションとその住犬ポリ（10.12）

前中だった。今日は午後5時過ぎの段原。はるかに鮮やかである。シャケふりかけよりも赤い（たとえが悪いか）。あんなに緑だった山がいっぺんに赤に変身とは、日本の四季はまったく目が離せませんなあ。

坊がつるに降りてきた頃にはすでに真っ暗。

＊

10月12日　晴れ　朝7時気温10度

山荘玄関付近に、「すがもりコース」という案内標識設置。字はヒロエちゃんにお願い。「汚くて味のある文字を」と注文したが、ヒョロヒョロした感じのなかなかいい出来栄えかな。山小屋らしいぞ。ついでにポリの小屋に表札を作った。「Mrポリ」と書いた表札を入り口上に設置。しかし、どうもこれだけでは物足りなさを感じるので、その上に「ライオンズマンシ

草紅葉の久住山（10.12）

秋色の天狗ケ城を映す御池（10.12）

ョン」と書いてやった。今日からポリはライオンズマンション住犬なのである。

午後より、久々に長い休憩時間がとれたため、久住山、中岳方面へと行ってみる。ライオンズマンション住犬と一緒。久住山の草紅葉が素晴らしく、しばし避難小屋付近で撮影。久住山には木々がないため鮮やかな黄色や赤などの紅葉は見られないが、しっとり落ち着いた黄色や茶色の秋衣もなかなか紳士的で格好いいのだ。去年もこの辺りから同じような久住山を撮った。ファインダーを覗くと、去年の写真と同じような草紅葉の久住山が目の前にある。またやって来たぞという久々の再会的懐かしさを感じてしまうなあ。

続いて御池へと向かう。すると草紅葉した天狗ケ城斜面がくっきりと水面に映っている。超広角レンズで数枚撮影。水面の表情もくねくねふにゃふにゃとオレンジ色をアメーバ的に映し出して面白い。これも撮影。

続いて中岳へと行ってみたが、時計を見ると4時50分。出番が5時40分であるから、これまたジタバタ下山しなくてはならなくなってしまった。白口谷を駆け下りる。

輪地焼き（10.13）

山荘到着5時20分。なんだなんだ、余裕だったじゃあないか。白口谷コースは草刈作業をしたためずいぶん駆け下りやすくなったのだ。しかし僕はこの頃、こんな登山ばっかしてんな。時間に追われずゆっくりと、たまには撮影してみたい。しかし、もうちょいねばって赤く染まる山々を撮影したかったなあ。

＊

10月13日　曇り後晴れ　朝7時気温9度

　本日、**坊がつる輪地焼き**。

　ボランティアの方々１００名程が坊がつるに集結し、来年の3月に野焼きする範囲の周りを焼いてゆく。これはいわゆる防火帯作りであるため、野焼きほどの豪快な炎を見ることはできないが（炎を楽しむものではないけれど）、飛び火しないための大事な作業なのである。

　午前中で終了。坊がつるを囲むように黒い防火帯完成。

　紅葉シーズンとなり山荘も賑わいをみせているため、帰ってからも仕事が待っている。作業着からエプロン姿に変身して厨房で働いていると、エプロンが表裏逆になっていることをよっちゃんから、続いてTシャツを前後ろ逆に着ていることをまゆちゃんから指摘された。毎度のことなので気にしない気にしない。

　今日は**40名程の子供たち**が大部屋に宿泊。夜ちょいとのぞきに行ってみると（決して怪しい者ではない）、ワイワイガヤガヤ、ベランダで星を眺めていた。大船、平治上空の星は満天だ。子供たちにとっては忘れられない夜になっただろうな。街ではもうなかなか星空は見られないだろうし。僕もしばし見とれる。

＊

10月19日　晴れ　朝7時気温6度

　昨日、休暇より帰荘。

　撮影のため一日早く帰ってきたので、今日はまる一

落ち葉の溜まり場暮雨の滝（10.19）

日休みなのだ。

　早起きしてポリと紅葉撮影に暮雨の滝へ。いい天気だ。すると、坊がつるの途中で一面ガスに覆われてしまい、辺りは真っ白。先程まであれだけ太陽が照っていたのになあ、と少々落胆していると、なんと、すごい現象が目前に現れた。白い虹だ。どのような原理かまったく分からないが、ブロッケンと似たようなものなのかな。太陽光をうっすらと遮る程度の薄いガスに覆われたことと関係しているのだろう。白い虹は1分間程濃淡を繰り返しながら、やがて姿を消した。こう

上＝白い虹出現（10.19）
下＝久住山でのブロッケン（2000.8）

上＝鉢窪より望む大船山
下＝夕暮れ前，大船山頂付近の彩り。
後方はくじゅう連山（10.19）

いう現象を目の前にすると、自然界の精霊は必ず存在するに違いないと思えてくる。

　午後より再び、ポリと立中山を越えて鉢窪へ。ここから見る大船山の紅葉は至近距離で見られるため迫力満点なのだ。あまり知られていないルートだけに、これは穴場スポットであるなあ。黄色、赤、オレンジ、黄緑の大合唱が鉢窪全体にこだまするようで、それらに耳を澄ませながらシャッターをソロリと切ってゆく。弁当を食べ、草の上にゴロンとなってウトウトしていると、ポリはお先にグーグー寝ていた。気持ちよさそうだなあと思っているうちに僕も寝てしまった。大船頂上から見ると遭難者かと勘違いされそうだなあ。

　目が覚めてから大船山頂上へ。先週よりさらに色がついているように見える。こうなったら日が暮れてしまうまでねばってやろうということで、太陽が沈んでゆく光景も撮影。真っ赤に染まる空と硫黄山噴煙が劇的な光景を創り出している。オドロオドロしい。地球誕生の光景といった感じだ。上空では藍色に染まった

宵の口のくじゅう連山（10.19）

空間にか細い三日月がやわらかい光を控えめに発していた。真っ赤な硫黄山とは実に対照的であるなあと宵の口ドラマに感激。

真っ暗な登山道を下山。ポリはヘッドライトがなくても大丈夫なのかなあと心配したが、どうやらはっきり見えているようで、ヒョイヒョイ石をかわしていた。頼りになるナビゲーターなのだ。

＊

10月20日　晴れ後曇り　朝7時気温9度

紅葉目当てのお客さんが大勢やって来た。受付をしたため喉がジワジワ痛くなってきた。最後あたりは舌が思うように回らなくなるし、我ながら今自分は何語を話しているのであろうと思うくらい、めちゃくちゃな発音をしてしまうことがある。「えー、今日は3号室になっておりまする」などと大河ドラマ的口調になってしまうこともあるが、まあこれは丁寧っぽくていいか。よくないか。

＊

10月22日　雨後曇り　朝7時気温14度

大船山頂上付近の紅葉はまだまだ見頃の模様。坊がつる周辺もいちごドロップのような赤々とした木々がガスの隙間から見え隠れしている。すると、平治岳上空に虹が出現。空に向かって七色を鮮やかに発している。虹の中央付近はガスに覆われて見えないが、その虹の先はどこだろうと探してみると、そこは大船上空付近だった。平治・大船友達の輪といった感じでありますね。

＊

10月23日　曇り後晴れ　朝7時気温13度

坊がつる紅葉ピークの目安は、法華院下の木々が真っ赤になっているかどうかなのであるが、本日ちょっと染まってきたかなという程度。まだまだこの辺りの紅葉はスタート地点をちょいと過ぎたぐらいなのかも。そうす

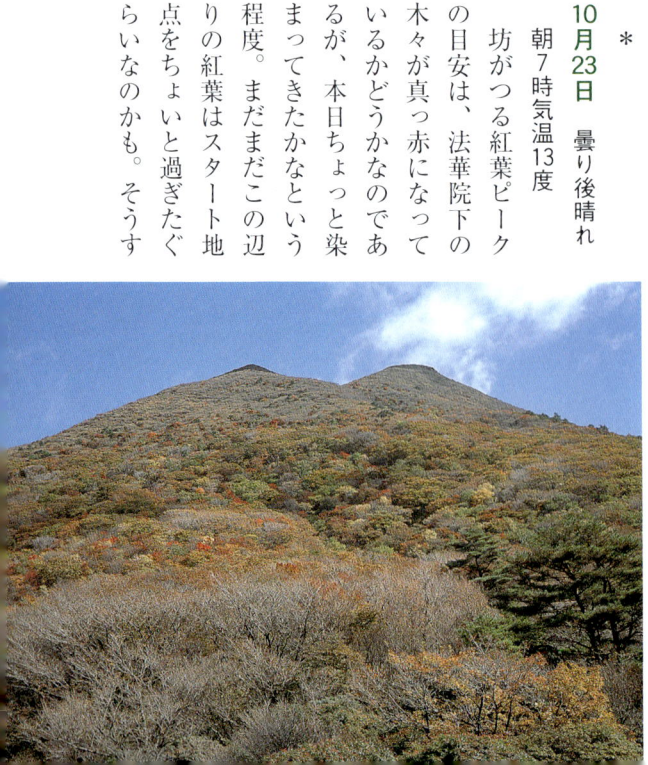

染まってきた平治岳（10.23）

るとまだまだ楽しみは後々ということになるなあ。これは大好物を最後に残しておくという感覚とどこか似ている。すると、満腹になってしまい食べきれないという可能性もある。紅葉を毎日楽しむのもほどほどにしておかないと、今年はもう紅葉は見飽きちゃったよなんてことになりかねない。今年の2、3月の雪景色がそうだったような……。これはきっと贅沢なる悩みなんだろうなあ。しかしこういった場所を職場にしていると、このような麻痺感覚が生じるのも致し方ないことなのかも。

＊

10月24日　晴れ　朝7時気温9度

今日のお客さんで、まゆちゃんが見覚えがあるという女性が来荘。この方、風呂場でバシャバシャ泳いでいたことから強烈に覚えていたらしい。女風呂は泳ぐほど広くはないのであるが、この方はまゆちゃんが入っているにもかかわらず、風呂の周りをグルグル回って泳ぎだし、風呂から上がったかと思うと水道の水をバシャーと頭からかけ、再び入ってグルグル泳ぐのだそうだ。うーん、神経が図太いというかなんというか、

一体何者なんだ？　水泳選手か、はたまたカッパか？

そういえば、この坊がつる周辺にはその昔、カッパが住んでいたそうだ。法華院に昔おられたばあちゃんは、カッパが相撲をとっている現場を目撃したという。「冗談など言わないまじめなばあちゃんの話だから、間違いないよ」とよっちゃんが申しておった。

僕も数年前、運搬車を運転していると茂みの中から突然緑色の人影が現れたことがある。「なんだなんだ！　カッパかカッパか！　とうとう出たか！」と心臓をバクバクさせていたら、それは葉っぱをいっぱいつけて迷彩服を着込んだ訓練中の自衛隊の方たちであった。まったくまぎらわしいぜい。

カッパたちはどこへ行っちゃったんだろう。

＊

10月28日　雨　朝7時気温13度

今日は瀬《せ》の本《もと》より金剛宝寺《こんごうほうじ》の方々がやって来る。年に何度か山での修行のような形で山荘にやって来るの

金剛宝寺の方々（10.28）

だ。

　お昼過ぎに8名で到着。早速カッパを脱ぎ、白装束姿で法螺貝をホオホー、ホオホーと鳴らす。この修行には一般の方々も参加できるそうで、若い女性の姿も見える。一体どんな辛いことがあったんだい、とついつい思ってしまうなあ。開山際の時は一緒に立中山に登ったのであるが、どこかの体育学部の根性一筋トレーニングのように、掛け声をきっちりそろえて登ってゆくのである。たしか「ざーんげざーんげ」という掛け声であったが、どういう意味なのだろう。教会の懺悔じゃあないよな。

　法螺貝のほかにも、昔話の木こりが持っていそうな斧もある。果たしてあの斧は本物なのかどうか以前より気になっていたが、一見したところどうも軽そうである。鉄であろう部分の艶も、どうも怪しげな艶消しブラックだ。こっそり持ってみるのも恐れ多いし、バチが当たりそうだし。まあ、形式と心の持ちようが大事ということなのかな。

　とにかく、毎回おなじみの顔ぶれで賑やかでおもしろい方々であります。

　アルバイトの女子大生4人、運搬車で下山。毎度のことであるが、荷台に乗った姿を見ると、どこかへ売られてゆく可哀相な娘たちのように見えてしまう。売れんだろうなーと思いながら、ニッコリ手を振って、またねー。

アルバイト女子大生の下山（10.28）

＊

10月31日　晴れ　朝7時気温5度

枯れ草の中で憩うポリ（10.31）

お昼過ぎ、ポリはよっちゃんと散歩へ。すると、坊がつるでスケッチをしていた人にじゃれまくり、絵の具をぶちまけたという。しかも絵の具を食べようとしていたというから、まったくポリもアホかいな。まあ、絵描きさんは犬好きらしくて笑っていたそうであるけれど。

バイト部屋の通信状況がこの頃とてもいいようなので、ここ数日、部屋の中でパソコン通信ができるという夢のような快適さを味わっている。外にアンテナ持って手を出して未知との遭遇ごっこなどしなくていいのだ。しかもコーヒー付きである。

ということで、この部屋をバイト部屋兼パソコン・ルーム兼カフェとすることにした。これは九州一高所（１３０３メートル）のカフェかもしれぬ。ここは会員制のカフェでありまして、会員となるには僕と親しい友人とならなければなりません。すでに親しい友人である方は強制的に会員となります。問答無用です。またここは従業員部屋に挟まれているため、従業員に不快感を与えぬ人間性も必要であります。これらの関門をクリアすると、このカフェにお呼ばれされることになるのです。ちなみに、無料ですので収入ゼロの良心的カフェであります。カフェの名は、「Cafe ヴォーガ・ツール」。どこかで聞いたような響きですねえ。さて何語でしょうか。

Cafe ヴォーガ・ツール入り口（10.31）

冬

ぐんと冷え込んだ冬の朝——。

目が覚めると部屋一面がほんのり白く輝いている。それは「本日坊がつる雪だるま作り放題」(?)という合図だ。僕の部屋は山の斜面に面しているため、雪の白さ、まぶしさがまともに部屋に飛び込んでくるのだ。その明かりで目が覚めたりすると瞬時に胸はときめき、雪だ！ と叫んでふとんから飛び起きてしまう。

九州とはいえ、ここは標高１３００メートルを超える高所。マイナス10度近い日々が続き、50センチ以上の積雪が登山道を阻むこともある。雪だるまと一緒に喜んでばかりもいられない。一面銀世界のくじゅう連山は被写体として最高だ。

北千里浜と硫黄山

夕暮れ時、段原付近から大船山頂を望むと、真っ白から真っ赤に染まりゆく神秘的光景が大迫力で迫ってくる。

北千里浜はさらさらの新雪じゅうたんに敷き詰められ、雪をまとった硫黄山の噴煙は不気味なほどに力強さを増す。

スケート・リンクのように凍りついた中岳直下の御池は、風の模様入りのきらきらの表面に天狗ケ城の山体を美しく反射させている。

またくじゅう連山の中では比較的マイナーなる山・立中山は四方の山々をでっかく眺望できる穴場的スポットだ。

厳しい寒さに凍えながらカメラを構えていると、山々は魅力的な懐をほんのひととき覗かせてくれたりする。それは山々のやさしい暖かさを感じる瞬間だ。

11月

いつの間にやら冬が来て

11月1日　曇り時々雨　朝7時気温10度

雨がひと降り、風がひと吹きするたびに、山々、大地は冬の顔へと一歩ずつ前進してゆく。葉っぱが落ちてくると、山肌の崖崩れの跡が次々と露呈され、オレの素顔を見やがったなとドスのきいた表情で迫ってくるようだ。この時期の山々の表情はヤクザ的でオドロオドロしいのだ。早く雪でオシロイさせてやりたいもんだ。

今日は70歳の方、69歳の方とご高齢の方たちが来荘している。ほんと元気なもんだ。私たち夫婦合わせて１３０歳という方も宿泊記念帳に達筆なる字で書かれていた。

山にいると中高年のパワーをとことん見せつけられる。4年前は

普段登山などしない僕の両親もやって来たのであるが、それ以来山にはまって、続けて石鎚山に登ったと言っていた。

大船林道ではウサギやイノシシが出没中とのこと。

＊

11月2日　曇り後晴れ
朝7時気温7度

仕事が終わって温泉に入ろうと外へ出てみると、月があまりにも明るく綺麗だったため温泉を取りやめ、すぐさま坊がつるへと撮影に出発。しばらくすると、月の周りに白い輪っかが出現し、ずっと見ていると吸い込まれそうであった。Moon Holeとでも言うのかな。

＊

11月3日　雨　朝7時気温11度

お昼過ぎに外国の方から電話があり、今日法華院に行きますから、とのこと。ぎこちない日本語であるが、なんとか理解はできる。名前はミスターKだという。

両親来荘（1997.10.10）

Moon Hole（11.2）

しかしこのKさん、日が暮れてもなかなか到着しない。途中「イマ、アメね。アメのワカレね」という電話があったから、きっと雨ケ池コースなんだろう。するとなんとまあ、夜9時を過ぎても到着しないものだから、捜索に行くハメになってしまった。

　雨ケ池コースには真っ白なガスがかかり、ヘッドライトを照らしても目がぼやけているようでよく分からない。しかも暗いとなればなんだか恐ろしい。途中、鳥がバタバタッと僕を威嚇するように飛んでいった。まったくこちらは鳥肌ものだ。今日の晩飯はそういえば鳥だったなー。すまん、と思わずあやまる。

　雑木が開けた所で電話をかけてみると、なんとミスターK、道が分からなくて長者原へ引き返したとのこと。ということで僕も山荘へととぼとぼ引き返す。オレは疲れたぞ、ミスターK。

＊

11月4日　曇り後晴れ　朝7時気温7度

　昨日の夜、雨ケ池付近で道に迷って法華院行きを断念したミスターKから、「ガイジンデース。イマ、チョウジャバルね」と、なんとも元気な声で電話が入ったという。まゆちゃんが「はい？」と問い返すと、「ハーイ」と笑って返されたという。こちらの苦労も知らずまったく陽気であるなあ。外国人の旅人というのは非常に楽観的で、少々のトラブルはノー・プロブレムだからなあ。

　しかししかし、よーく聞けミスターK！　君の陽気さの影には一人の男の苦労が伴っていることを忘れちゃあいけませんぜ。ガスで真っ白で、それでいて真っ暗という不気味極まりない雨ケ池登山道を、テクテクと鳥の羽ばたきにおびえながらアンタを捜しに行っていた一人の勇気ある男がいたということを。どこの誰とは言わねーが、オレのことよ。分かるかいミスターK。まあ陽気でごたいそうなこった。アバヨ。

11月5日　曇り後雨　朝7時気温10度

昨日の心地よい秋晴れから一転、なんとも寒々しい冷気を伴うガスに山々はすっぽりと覆われてしまった。あの真っ白の中で山々は冬衣に着替え中なのであるなあ。出てきてびっくりお山も真っ白、ということになるかもしれない。温度もぐんと下がってきて、冷たい雨がポタポタと皮膚を刺す。一日でこれほど景色が変わってしまうとは、毎度のことながら毎度毎度驚かされる。季節の変わり目という時期は、昨日という日が遠い日の光景のように思えてくる。

＊

11月6日　曇り時々晴れ　朝7時気温2度

朝方、目覚ましが鳴る前に起きてしまった。あーよく寝た、などと背筋を伸ばしてなどいられない。寒いのだ。えーっと、一昨日までたしか秋晴れの陽気だったんだよなあ。これじゃあ一気に冬じゃあないか、と独り言をつぶやきながらセーターを着て外に出てみた。すると、突き刺すような風がピリピリ顔面を襲う。温度計を見ると2度ではないか。こりゃあ下界の真冬なみだなあ。すると、真っ白なガスに覆われていた大船の頂上が隙間からちらりと姿を現した。ちょっとだけよってな感じでほんの一瞬だけであったが、それはたしかに白かった。おおっ、なんとなんと霧氷ではないか。本格的な冬の到来なのだ。

しかし、この山荘で暮らす者にとって、このぐらいの気温で驚いてちゃあイカン。本格的寒気がやって来ると、マイナス15度位の日々が続くのであるから、このぐらいの寒さなどチョロイチョロイ。などとなめてたら、ガタガタ震えが来てしまった。やはり突然は困るのだ。心構えというものができていない。であるからして今日はとにかく寒いのです。

＊

11月7日　晴れ　朝7時気温2度

本日も2度という寒さの中、朝を迎える。大船山は再び真っ白となった。中岳　天狗ケ城、平治岳、そして三俣山も頂上付近が白くなっていたから、１７００メートル以上辺りが冷え込んでるんだろう。標高１４６４・４メートルの立中山は仲間はずれといった感じでまったくオシロイなし。この立中山、白い顔の高い山々に四方を囲まれて、なんだかいじめられて小さく

冬の到来（11.7）

なっているようだなあ。低いがゆえに紅葉も初雪も周りの山々にずいぶんと後れをとって、存在が一層小さく見えてしまうのであるが、新緑やミヤマキリシマではどの山よりも素早く衣変えをして登山客の視線を惹きつける。山の存在価値は高い低いではないのだ、と立中山は静かに主張している（かどうかは知らないが……）。

＊

11月8日　晴れ
朝7時気温0度

とうとう0度になってしまった。坊がつる一面、霜が降り真っ白になっていた。朝ご飯を食べた後、短い時間をフルに利用し撮影へ。

　朝日は今の時期、大船のちょいと右辺りからヒョッコリ顔を出す。8時前、朝日が坊がつるをジワジワと照らし始めた。この時期特有の透明度の高いやわらかで暖かい光は、眠っていた大地の目覚まし時計となってススキの穂一つ一つにまんべんなく平等に降り注ぎ、まぶしい銀色に輝かせる。その輝きはおよそ5分程続き、みるみる坊がつるの白は隅っこの日陰に追いやられて、やがていつもの見慣れた秋の表情となる。ほんのひとときのショーであった。

　お昼からは客室の網戸外し。もう小虫もいなくなったし。日差しが暖かく半袖で作業。朝との気温較差は相当であるな。

＊

11月9日　晴れ後曇り
朝7時気温2度

　本格的冬に備えての水道コマ栓取り外し作業。

　コマ栓というのは水道蛇口の中にある正にコマの形をした栓であり、これを取り外すと、蛇口を

坊がつるの目覚め（11.8）

チョロチョロ水を流し続ける蛇口（11.9）

閉めてもチョロチョロと流れるようになるのだ。どうしてこのように流しっぱなしにするかというと、凍って水道管が破裂してしまうからなのです。「どうして流しっぱなしなんだ？　もったいねーじゃねーか！」と迫ってくるお客さんがたまにおられるが、破裂するから仕方ないのです。それに、ここは山の上の湧き水から水を引いているため、流しっぱなしにしても別にもったいないというわけではないのであります。しかし毎年毎年、必ずどこかのコマ栓を忘れて破裂させてしまう。去年は消火栓を忘れたっけ。そうなると極寒の中での水道工事という寒の地獄となってしまうため、このコマ栓抜きは命のかかった重要な仕事なのだ。

＊

11月10日　曇り後晴れ　朝7時気温3度

山荘はストーブ・フル稼動で、廊下などは暑いくらいだ。しかし一歩外へ出ると、一気に体の芯から冷える寒さだ。それでもテントでがんばってる人がいるん

だからなあ。まあ、好きな人は苦にならないんだろうけど。

＊

11月16日　晴れ　朝7時気温1度

まゆちゃんはスキあらばウサギの落書きをあちこちに描いている。しかし、まゆちゃんの描くウサギには時に眉毛があり、目玉にははっきりと白目がある。自炊場の石鹸入れに描かれたウサギなどは眉毛も白目もある。これじゃあオヤジ・バニーガールじゃないか。

＊

11月17日　曇り後晴れ　朝7時気温2度

本日、夕食にボージョレ・ヌーボー登場。

毎年この時期になると社長が買ってきてスタッフみんなで飲んでいるのだ。今年はなんと、つまみがくさやであった。ワインのつまみにくさやというのもヘン

上＝まゆちゃんの落書き（11.16）
下＝ストーブ・フル稼働（11.10）

テコな組み合わせである。小笠原諸島では流行ってるかもしれん。

くさやは数年前にも山荘で食べたことがあったが、その時はあまりの臭さに皆パニック状態に陥った。あの匂いは果たして食べ物の香りと呼んでいいものであろうか。二重になった真空パックを開けると、モワーンと例の香りが厨房に広がった。よっちゃんは「ヘドロだ、ヘドロ！」と騒いでいたが、僕はドブと肥溜めとバキュームカー、5：3：2ぐらいの割合でなかろうかと思う。パッケージに「香りは控えめです」と書かれていたが充分匂うぞ。

すると、くさやは初めてというまゆちゃんが、「この匂いは私が小学校の登下校中にかいでいた香りだわ」と、ときめいた表情で目を輝かせた。まゆちゃんの故郷・犬飼町の養豚場の香りなんだそうだ。なるほどなるほど、田舎を旅した時なんかたしかに匂ってくるよなあ、こんな香りが。

ワインを飲みながらくさやをつまむ。フランスの夢に酔いながら一気に養豚場。そのギャップを楽しむのが今日のディナーのコツなのだ。

11月19日 晴れ後曇り　朝7時気温2度

本日の早朝2時過ぎ、東の空に獅子座流星群接近に伴う流れ星が観測できるということで、何とか目を覚ましカメラ2台をかついで山荘看板前へと行ってみた。先客がいるらしく、キャーキャー拍手しながら騒いでいる。もしやもしや、と空を見上げるとウオー！　思わず叫んじゃいましたね。雲一つない澄んだ夜空にヒューヒュー落ちる落ちる。しかも東の空だけではない。大船山上空、平治岳上空、三俣山上空、立中山上空、鉾立峠上空、そして天狗ケ城・中岳・白口岳の上空、要するに空全体から流れ星が降ってくる。一気に5、6個仲良く滑り台から滑るように落ちるのもあれ

流星群（11.19）

屋外で夜明かしのポリ（11.20）

ば、稲光のように坊がつる全体を青白く照らし出すほどの発光度を持つ自己主張の強い流れ星もある。平均すると2、3秒に1個ぐらいかな。UFOも真っ青だ。

結局、4時半まで見とれていた。じっくり流れ星を観察できるなんて、一生のうちでそうそう体験できないだろうし。

＊

11月20日　晴れ　朝7時気温1度

早朝、愛犬ポリと共に坊がつる撮影に出発。ポリはこの頃毛布を小屋の外に出し、そこにうずくまって夜を明かしているようだ。究極のアウト・ドア派と言うべきか。今日は頭の上に真っ白な霜が降りていた。

＊

11月21日　晴れ　朝7時気温2度

このところ早朝は毎日のように坊がつるには霜が降りて真っ白になっているが、これまた毎日のように坊がつるにはテントが張られている。寒い中ご苦労なことである。寒さが苦にならないほどキャンプ好きなんだろうなあ。

僕も以前、テントとシュラフをかついで屋久島や沖縄を旅してたことがあるが、結局ユースばかり利用して、テント泊は沖縄の黒島で一泊したのみであった。黒島は台湾とほぼ同緯度の南の島なのであるが、ちょうど強い寒波がやって来たとかで、12－13度まで冷え込んでいた。冷え込むといっても、坊がつるに比べればへのかっぱであるが、島の人々があまりにも寒い寒いと天変地異の大騒ぎをして、年に一度着るか着ないかのセーターまで引っ張り出してくる有様であったため、こちらもなんだか寒ーい気持ちでテントを張った思い出がある。

たしか海岸沿いのキャンプ場で、夜になると牛がモーモー鳴いてたな。近くにもテントが一つ張られていて、たしか中年の女性だったと思う。焚き火の前でじっとしたまま微動だにせず海を眺めていた。キャンプというのはこういったシチュエーションがたまらんのだろうなあ。坊がつるでも忘れられないシチュエーションがキャンパーの心をつかんで再び足を運ばせるのだろう。
僕は一度、法華院キャンプ場でテントを張ったことがあるが、歩いて3分の所に自分の部屋があるのに、なんでオレはこんな所で寂しい思いしてんだ、と考えてはいけないことを考えてしまい、とっとと寝てしまった。キャンプはやはりはるばるやって来たなあという感激が面白くさせるのだろう。近所ではやっぱだめなのです。

アルバイトに来ていたタケは食堂にテントを張って楽しんでいたが、これはまた違った意味での楽しみ方であろう。

本日、夕食にシシ肉登場。そういえば狩猟解禁になったんだっけな。飯田《はんだ》の方がしとめたイノシシとのこと。僕はイノシシ年なので少々抵抗がある。

＊

11月22日　晴れ　朝7時気温2度

朝方、出勤前に砂防ダム付近からカメラを構えて朝日が顔を出すのを待機。今の時期はちょうど立中山頂上付近から現れる。いわゆる坊がつる周辺のご来光撮影というわけだ。霜で真っ白になった法華院の屋根も写し込み、来年の法華院年賀状に使う予定。山荘勝手口からよっちゃんが「おーい」と手を振り、まゆちゃんは双眼鏡で僕を観察していた。

先日、20年近く前山荘でアルバイトをしていたという松本さんからEメールが入り、写真も一緒に添付してくれていた。その写真はなんと、今では幻といわれている従業員専用露天風呂の写真であった。今のポリの小屋前辺りにあったらしいのであるが、白濁の湯でなんとも気持ちよさそうである。当時はずいぶん湯の量が多かったのだろうなあ。なぜか「松の湯」と呼ばれていたらしい。銭湯みたいだな。もう一枚は、坊がつるにもよくやって来たという平治号。かつての従業員の話を聞くと、どうみても映

ご来光を浴びる山荘（11.22）

画やテレビでいわれているような頭のいい名犬ではなかったという。ま、人間の思い入れというものがあるんだろうな。

法華院にもその時代時代を彩る（大げさかな）愛犬がいたようで、僕が知っているだけで3匹いる。現在のポリの小屋（ライオンズマンション）には部屋が三つあるが、実はそれぞれにかつて住民がいたのだ。僕が法華院にやって来る前はバンという名の頭のいいビーグル犬がいたそうであるが、心無い登山客に連れ去られてしまったとのこと。また同じくビーグル犬のアイというメス犬もいたが、生まれつき病弱で2年前の冬に死んでしまった。メスだったからポリの恋人だったのかな。とても仲がよかったっけ。

ポリはお隣りさんが次々にいなくなってしまい、なんだか可哀相なのだ。

ほかにもジェラ、チャコ、チビ太等々、様々な犬が法華院を去っていった。

＊

11月23日　晴れ　朝7時気温1度

午前中、この日記を毎日読んでから寝るというアン

ドウさんご夫婦がやってきて、おみやげということでネパールで買ったというセーターと帽子をいただいた。もう長い間着ていないからとはいえ、ヤクの毛の上等なセーターである。現地のシェルパも愛用しているという驚くほど暖かいセーターなのだ。カトマンドゥで買ったというからタメル地区かな。なんだかあの喧騒の街の香りが漂ってきそうで、旅に出たい出たい病がまた再発しそうだ。とにかくありがとうございます。大事に使わせていただきます。

＊

11月24日　晴れ　朝7時気温1度

連日、いい天気が続いていて朝晩の冷え込みも激しい。坊がつるのテントは10張りぐらいあったかな。ポリも負けじと相変わらず外で夜を明かしている。たくましいのか鈍感なのかは不明。

朝方、ヒロエちゃんが「ポリ！」と呼ぶと、「ウイッ！」と返事したそうだ。それも一度ならず、何度呼んでも「ウイッ！」と答えていたというから、これはポリ語の「はい」なんだろう。それともフランス訛りか？　外国犬の血が混ざっているようであるし。

硫黄山の噴煙（12.9）

12月

そろそろ雪だるま出現

12月9日　晴れ　朝7時気温マイナス1度

夕方、一仕事終えて久々にポリと北千里浜へと散歩。おもしろい雲が硫黄山噴煙上空を覆っていた。雲の名前はよく知らないが、すじ雲とひつじ雲を6：4くらいの割合でまぜこぜにしたような雲。これじゃあ分からんか。中判カメラで数枚撮影。ポリは煙の麓でウンコ。噴煙見てるとしたくなっちゃったのかい？

本日、「Cafe ヴォーガ・ツール」にクリスマス・ツリーがお目見え。

昨日、まゆちゃんとヒロエちゃんが組み立てたらしいが、部屋に置いておくのは邪魔だからカフェにどうぞというわけ。

＊

12月10日　曇り

朝7時気温1度

今日はめちゃくちゃ寒いなあと肩をすぼめていたら、雪がちらつき始めた。積もるにはまだまだの、かよわい雪であるが、これから本格的に冷え込んでゆくんだろうな。

宿泊者の若いカップルが湯たんぽを借りていった。山小屋で湯たんぽというのもなかなか風情があるように思えるのだが、僕はあの湯たんぽを見ると三葉虫かゴキブリの卵を連想してしまう。

＊

12月11日　晴れ　朝7時気温マイナス2度

朝方、山々の頂付近に真っ白に霧氷が付いているのを確認し、坊がつるへと撮影に出発。といっても、朝のほんの30分の休憩時間であるため大急ぎである。坊がつる周辺にも朝日が射し始め、辺りのススキたちはまぶしげに頭をもたげている。三俣山頂上付近ではガスがスイスイすり抜けて斜面を滑り台のように下ってゆく。三俣山はツルリとしたハゲ頭で滑りやすいのではなかろうか。三俣山以外ではこういった滑り台現象はほとんど見たことないから、この山には滑りやすい何かがあるのだ。受験生は来ないほうがよろしい。

ちなみに三俣直登コースの下りは、これまたほんとよく滑る。特に雨の日などは巨大な滑り台と化し、僕はこのコースを中腰にかがんでスルリスルリと滑り落ちるように下ったことがある。

夕方4時より休憩時間を利用してポリと久住山周辺へと行ってみた。近頃は日が暮れるのが早いため急ぎ足で登ってゆく。到着したら真っ暗だったというのは空しいからね。4時45分、久住分かれに到着。久住山にはまだうっすらと頂上付近に霧氷が残っていた。岩肌が赤茶色に光る星生崎《ほっしょうざき》を数枚撮影し、暮れゆく久住山へとカメラを向ける。光線はジワジワと角度を水平に近づけ、徐々に赤みは弱まってゆく。世界は酒気帯びからゆっくりと眠りについてゆく。静かな光景である。

去年は雪の久住山が真っ赤に染まる表情の撮影

朝日が差し込む坊がつる（12.11）

赤茶色に染まる星生崎。ロック・クライミングのトレーニング場でもある（12.11）

に成功したのであるが、その幻想的で神秘的なる姿は、これがあの久住山かと身震いするほど感動してしまった。まったく、山々の表情というのは季節によって全然違った魅力を見せてくれるなあと改めて認識させてくれたのであるが、これは街の女性でも言えることかもしれない。

辺りが一日の太陽照射時間を終えると、一気に寒風が体をグルグル巻きにするように襲ってくる。手先の感覚がなくなってきたので、ポリの体に手先をうずめてしばらく暖める。毎日野外で夜を過ごしているポリにとっては、こんな寒さへっちゃらだろうなあ。

「うーん、さすがポリ、あったかいなあ」などとしばし感心していると、おー、辺りは非常に暗いではないか。しかもそれだけではない。腹が痛いのだ。こりゃあヤバイ。ポリのようにすばやくウンチング・スタイルへ移行というわけにはいかないのだ。こういった状況を、「風雲急を知らせる」と言うんだっけ。違ったかな。

そんなことどうでもいいので、とにかく大急ぎで山荘へ直行。北千里浜付近でほぼ闇となってしまったが、ライトを取り出すのも面倒なので、そのまま足を早める。人間、あせると夜の登山道も見えてしまうのであるなあ。直感下山とでも言うか。と感心する間もなく、山荘到着。マジで辛かったであります。

＊

12月12日　晴れ　朝7時気温1度

夕方から久々の雨が降ってきて、夜にもかかわらず気温が6度まで上昇。あったかい。

＊

12月13日　雨　朝7時気温10度

噂であるが、この法華院には不倫でやって来る方もどうやらいるらしい。まあ、登山の楽しみは人それぞれでありましょうからどうぞ楽しんでください。しかし不倫で登山とはなんだか健康的でないかい。

＊

12月16日　晴れ後曇り　朝7時気温マイナス5度

朝から運搬車のエンジンがかからず修理。バッテリー充電器にて充電開始。お昼過ぎに充電完了したが、やはりエンジンはかからない。よく見ると、バッテリーにつながれているコードの一つが断線しているではないか。トラブルはまったく立て続けにやって来る。結局、修理完了は日も暮れかかった夕方であった。

しかしマイナス4－5度でこんなにトラブルが起こっていたんじゃあ、真冬が思いやられるなあ。一体、北海道の人たちはどうやって毎年しのいでいるのだろう。寒冷地仕様というものがあるのかな。

ちなみに、山荘のトイレの便器は寒冷地仕様なのであるが、毎年1、2個は必ず寒さで割れてしまう。聞くところによると、北海道では外はたしかに極寒であるが、家の中は驚くほど暖かいのだそうだ。トイレも当然暖かいのだそうで、この山荘のトイレはもしかすると日本一寒い室内トイレなのではなかろうか、と北海道出身の宿泊者の方が申しておった。

そういえば、僕はここ数年でものすごく暑がり体質になってしまった。要するに寒さにつよーい体質ということかな。こんな山奥で毎年冬を越してたんじゃあ自然の成り行きというものだ。下界復帰の時がちょいとコワイ。

＊

12月17日　雪後曇り　朝7時気温0度

いきなり20センチ程の積雪だ。暖かくなるだろうと昨日の油運搬を今日に延ばしたのであるが、あてがはずれ、2キロ先の大船林道終点まで運搬車出動なのである。油がないと電気もストーブもストップしてしまうため、これは僕たちの生活、命のかかった運搬作業なのである。去年も大雪の日に油運搬をしなければならず、途中の急坂でハンドルが効かなくなり、車体が傾いたまま一気にジェットコースターとなってしまった

山荘ベランダより見る大船山（12.17）

上＝ドラム缶にもしっかり積雪
下＝油運搬車（12.17）

のだ。怪我はなかったが、木に引っかかってバックミラーを割っちゃったっけ。キャタピラといえども、大雪となると単なるスキー板になってしまうのだ。しかも斜め滑りとは只事じゃあありません。ということで、大雪の日の運搬車出動は命がけなのであるが、今年もまたまたこの日がやって来てしまったのだ。

　山荘下の橋のたもとでまずツルンとやって道を外れる。ここはなんとか前進・後退の繰り返しで体勢を立て直すことに成功したが、問題は、去年ジェットコースターと化した急坂だ。この坂は30メートル程の真っすぐなコンクリートの坂で、傾斜25度くらいあるのかな。最も勾配のきつい坂である。手前に差し掛かり、今年こそはと慎重に慎重にアクセルをじわりと踏んだのであるが、オーッ、またしてもハンドルが効かん。車体は斜め約45度に傾き、一気に加速して滑ってゆく。またやっちゃった！　去年より滑りがいいぞ。

　スーッと僕はなすすべもなく落ちてゆく。悲鳴あげてましたね、多分。右側のバックミラーが木の群落に突っ込み着地（着地ではないがイメージ的には不時着なのだ）。今年もまた怪我もなく滑ってしもうたなあ。しかしバックミラーは割れていない。よしよし。進歩したぞ。

　凍った地面にドラム缶が引っ付いてしまっていて、積み込みがこれまた重労働。しかも重さは２００キロ。30分かけて6本のドラム缶を運搬車に積み込み、いざ帰還。帰りは運搬車の重量が増した分、それほど滑らず無事帰荘。

　山小屋の越冬はなかなか大変なのであります。

　夕方、ポリと坊がつるへ。ポリは運搬車の轍をつるつるつるつると一気に駆け下りてゆく。お前はスノーモービルか。

12月18日　晴れ　朝7時気温マイナス2度

早朝6時半よりポリを連れて坊がつる散歩。大船上空がうっすらと朝焼けしていた。昨日まで頂上付近は真っ白だったのであるが、風が強いためか、雪は飛ばされたようで黒い岩肌が見えてきている。坊がつるは真冬並みにふっくら積もっていた。盛り上がっている部分などはだいふくのようでおいしそうなのであるが、ポリがあっちこっちにマーキングして黄色いしみができている。レモン味とはとても想像できましぇん。

雪が降るといろんな足跡が残されているため、改めて坊がつるには野生の動物がたくさんいるんだなあということを知らされる。大きめの足跡はイノシシかな。去年の冬だったか、大船林道のど真ん中に4匹の親子イノシシが堂々と坐り込んでいるのを目撃した。僕に気づくと、親を先頭にまさに猪突猛進で逃げていった。

ポリと同じくらいの足跡はキツネかタヌキだろう。これも去年の話、部屋の窓の前を親子タヌキが悠々と横切ってゆくのを息を凝らしながら目撃した。みんな引っ付き合っておしくらまんじゅう的で、とてもあったかそうなのでありました。

ずるずる足を引きずったような足跡もあったが、あれはなんなのだろう。モグラかな。ネズミほどのちっちゃい足跡も発見。川原で途切れていた足跡は自殺者のようでなんだか不気味である。夜な夜な泳いでいる動物でもいるのかな。うーん、カッパかもしれん。

本日、まゆちゃんがトイレ掃除の最中、便器の中でモグラが死んでいるのを発見。水死か凍死かはたまた臭死にかは不明であるが、とにかくあまりに哀れな最期である。

お昼は大好物のホットケーキ。4枚食った。

夜はこれまた大好物のカツカレー。2杯食った。

夜食に再びホットケーキ。4切れ食った。

＊

12月19日　晴れ　朝7時気温0度

朝からやわらかい師走の太陽が照りつけ、積もった雪はどんどん溶けてゆく。この時期の雪はあまり長続きしないからなあ。それでも日陰などはこんもりとまだまだそのまんまの状態で残っている。アイスバーン状態になっていて、山荘周辺を散策する際は要注意。

　ポリは相変わらず外で寝ているようで、何度毛布を小屋に入れてやってもすぐ外へ出してしまう。これは犬の習性なのかな。今日はゴミ捨て場付近にキツネらしき足跡発見。掘った後もある。冬場のエサ探しは大変なんだろうな。

　仕事が終わってから、よっちゃん、まゆちゃん、マー君と僕の4人でコタツを囲んで「人生ゲーム」を楽しむ。僕は医者からフリーターに転落し、最後はデザイナーとして人生終了。まゆちゃんはフリーターから出発し、会社員となりやがて部長に出世するのであるが、ゴール手前で月へと旅立ち、借金地獄で人生終了。

　まったく、ゲームとはいえ、いろんな人生が待っているもんですなあ。

＊

12月20日　晴れ　朝7時気温マイナス3度

　午後3時半より休憩時間となり、天気もいいことだし、中岳麓の御池まで行ってみることにした。アイゼンは必要ないかなと思ったのだが、一応リュックに入れておいた。すると、北千里浜までの道がほとんど雪に埋まってしまっていて所々アイスバーンになっている。3回こけたところでアイゼン装着。この辺りはほとんど日が当たらないからなあ。一日中日が当たっている三俣山、坊がつる側斜面はほとんど溶けている模様。

　北千里浜で道草食ってたため、久住分かれに到着したのは5時10分前。こちらも雪はまだまだずいぶんと残っているため、アイゼンなしでは非常に危険。もう日が暮れかかっている。ちょっと遅かったなあ。

　空池と久住山の雪の感じがすごくいいため、すかさず撮影。全面真っ白ではなく、所々岩や石が黒くアクセントをつけている。シマウマの模様をグシャグシャッとかき乱したような感じで、なかなかワイルド・スタイルの久住山&空池なのである。

　再び久住分か

なかなかワイルドな空池雪模様（12.20）

久住山上空にうっすら三日月が（12.20）

れにたどり着いた時には日は完全に沈んでしまっていて、久住山上空にはガスが舞い始めた。すると、そのさらに上空に三日月発見。ファインダーを覗くと、頂上と三日月がぎりぎり収まる。ここ最近お決まりの構図にはもう飽き飽きしてしまっているため、こういったちょいと刺激的な構図はなかなかうれしい。数枚撮影。

時計を見ると5時40分。6時半出番であるため、いつもどおり駆け足で法華院へ。雪の滑りがよかったためか、6時10分帰荘。温泉に入って仕事仕事。

＊

12月24日　雪

朝7時気温マイナス4度

今年も山で迎えたクリスマス・イヴ。「Cafe ヴォーガ・ツール」で人生ゲーム大会。

12月26日　晴れ

朝7時気温マイナス2度

午後よりポリを連れて、5合目より上が真っ白になった大船山へ。新雪のふわふわした感触が気持ちいい。真っ赤に焼ける新雪に覆われた大船山の撮影に成功。

＊

12月27日　曇り時々晴れ

朝7時気温マイナス3度

昨日の夜はずいぶん冷え込んだようで、長ーいつららができていた。去年はたしか、こんな長ーいつららを雪だるまの手にしたっけな。

電話でお客さんが「アイゼンって、ふくらはぎに着けるアレですよね」と言っていたらしいが、ふくらはぎに着けるアイゼンって一体なんなんだ？　また「今年の初日の出は久住山からですか、それとも大船山ですかね」という質問を受けたが、毎年初日の出の位置は変わらないと思いますけど。もっと宇宙的なる深ー

新雪に覆われた大船山（12.26）

上＝物干し竿にできたつらら（12.27）
下＝テラスに出現した雪だるま（2000.12）

い意味があったのであろうか。

＊

12月29日　曇り時々晴れ　朝7時気温マイナス3度

連日連日寒い日ばかりで、体はすでに北国化しつつある。要するに冷蔵庫を開けると、あー暖かい、と感じるようになるまで僕の体の耐寒強度は増しているわけなのだ。この時期の冷蔵庫は凍結防止のための保温庫だからなあ。

今日も昼間は0度までしか上がらなかったが、外で大工仕事である。しかも途中で水道管破裂というアクシデントがあり、雪の中から水道管を探り当てての修繕作業。さすがに水仕事となるとこたえる。

12月30日　曇り後晴れ　朝7時気温マイナス3度

今年も残りわずか。新年の朝日を拝む人は大勢いるが、僕はどちらかというと暮れてゆく今年最後の夕日をゆったりと眺めたい。月日が過ぎてゆくのは早い早いと思いがちであるが、じっくりその年の出来事を思い出してみると、結構いろんなことがあったなあと感じるものである。今年はこのホーム・ページを開設して様々な人たちとのコミュニケーションが可能となった。Eメールでやりとりしている方たちとはこれからも長い付き合いになるんじゃないかな。山奥でインターネットというのはずいぶん通信方法で苦労したが、その苦労の甲斐は存分にあったと確信している。

ポリが大怪我したのは今年の夏だったっけ。元気に回復して今では登山散歩はもとより、夜中に散歩に行ったりしている。多くの方からお見舞いのドッグフードをいただき、この冬、ポリは栄養満点でまるまる太ることでしょう。

様々な出来事がこの２００１年に詰め込まれている。一年一年のこの詰め込みは日常的には忘れがちであるが、これらは自分の思い出を形成し、これはまた自分

上＝子供たちの大晦日
下＝食堂も賑わう（12.31）

の生活、心情、性格をも形成してゆくものであるからしてとても重要なものなんだろうと思う。であるからして、僕は今年最後の夕日を眺めながら、今年、２００１年という年をゆったりと振り返って心にじっくり刻んでおきたいのだ。とはいっても、明日は大勢のお客さんがやって来るためそんな暇はまったくないのである。法華院にやって来てから大晦日をゆっくり過ごしたことないからなあ。たしか21世紀は客室のストーブ給油中に迎えたっけ。

＊

12月31日　晴れ　朝7時気温マイナス4度

とうとう２００１年も終わり。またまた山で迎える大晦日。

子供たちは「大晦日だよドラえもん」を観ながら年越しそばをすすっている。僕も小さい頃はこんな感じで「ドラえもん」を観てたかな。

今年も食堂でお土産抽選会。お客さんの食券を抽選券代わりに使用して当選者を選んでゆく。初めはバンダナやアイスバッグなどお決まりの商品であるが、今回の目玉はなんといっても1等である。去年までの1等はその日の宿泊費が無料という特典だったのだが、今年の商品はなんと、永久会員証。これから何回来ても宿泊費無料という驚きの特典なのだ。これを引き当てたのは若い女性4人組。喜びようはすさまじかったな。おめでとうございます。

年越しそばを厨房でワサワサ食って新年突入！

お酒がふるまわれる（12.31）

上＝観音堂
下＝朝食はお雑煮（1.1）

1月

お雑煮と雪かきと冬山撮影の日々

1月1日　雨時々みぞれ　朝7時気温マイナス2度

あけましておめでとうございます。今年もよろしくお願いします。

山は朝よりみぞれ交じりの荒れた天気で、大船山へご来光を拝みに行かれた方たちの多くは途中で引き返したようだった。新年早々無理はしないほうがいいですね。

お昼より法華院本館隣りにある観音堂に安置されている観音さまをご拝顔。毎年お正月には観音堂に現存する十一面観音、不動明王、毘沙門天は一般のお客さんにも公開されているが、僕も毎年、お正月に心を清める儀式ということで拝顔させていただいているのだ。

この観音さまは山荘に伝わる「九重山記」によると、1649（慶安2）年にこの地に安置されたらしい。法華院は明治時代まで白水寺《はくすいでら》と呼ばれる修験道場だったのだ。その時代の貴重な名残ということになる。中岳麓の御池には上宮が置かれ、このくじゅう一帯は、仏教用語から来た山名が多いことからも分かるように信仰の山々であったのだ。

心を清めたところでお雑煮の餅10個平らげた。

＊

1月2日　雪　朝7時気温マイナス8度

正月二日目は昨日にも増して大荒れの天気。気温も

上＝今年は大荒れ
下＝初滑り（1.2）

昼間に上がるどころかマイナス9度まで下降。玄関前は雪かきを何度やってもすぐさま新雪が覆い尽くしてしまう。しかも時折吹く突風が、積もった雪を四方八方にばらまいてゆく。お客さんも食堂でゆっくりしている方が多いようだ。北千里浜までの道もよく分からなかった、と引き返してくる方もいた。

以前、宿泊記念帳に、「ここの寒さはハゲにはこたえる……」と寂しげな一文を残していかれた方がいたが、髪の毛があるだけマシかな。

＊

1月3日　曇り後晴れ　朝7時気温マイナス10度

今年のお正月はとてつもない寒さと雪に見舞われ、今日の朝はとうとうマイナス10度達成。この寒さはオプションとしてトラブル付きで、今日も午前中は発電機の燃料凍結トラブルでジタバタであった。

＊

1月14日　曇り　朝7時気温8度

山は正月から続いた寒波も去り、暖かい日が続いている。今週からまゆちゃんが休みであるが、冬の休みを利用して運転免許を取るかどうかで迷っている模様。山で働いている間は必要ないだろうけれど、下界復帰した時に普通免許がないといろいろ不便だろうからなあ。特に田舎は。

＊

1月15日　曇り後雨　朝7時気温10度

テレビで法華院のことが放映されていたのだが、テレビを観たという方から早速電話があった。60年前に来たことがあるそうで、あまりの懐かしさに電話してしまったとのこと。60年前にはなんと水車があり、法華院の電力は水力発電によりまかなわれていたそうだ。このことを先代のじいちゃんに話すと、水力発電をしていたのは１９４３年頃じゃなかったかなあとのこと。戦争中じゃあないか。坊がつる上空にも爆撃機が行き来していたという話を聞いたことがある。こうやって聞くと、日本が戦争していたのはつい最近なんだなあという錯覚に陥る。法華院食堂に飾ってある画家・高田力蔵の「坊がつるの秋」という油絵が描かれたのが昭和24年。僕の部屋の壁に描かれていた昭和30年代の落書きなどはつい最近って感じがしてくるなあ。そうすると、僕が法華院にやって来たなんてことは最新の出来事じゃあないかい。まだまだ僕はウブな人間なのであるよ。

＊

1月19日　曇り後晴れ　朝7時気温マイナス4度

　午前中、運搬車にて油運搬の帰り、坊がつるにてキツネと遭遇。キツネは何度か見かけたことがあるが、それらのキツネたちに共通しているのは、なぜだかみんな悠々と去ってゆくということだ。普通、キツネというのは人間をチラリと見かけただけで一目散に逃げ出す警戒心の強い動物だと思うのだが、坊がつるのキツネは、僕に気づくと、まずじっくり微動だにせずこちらの様子を窺う。柴犬かなあとこちらは認識するのであるが、しっぽが太く垂れ下がり、大きな耳がレーダーのようにこちらに向けられていることから、オオッ、キツネ君じゃあないかと確認できるわけだ。

　キツネというとドラえもんのスネ夫的なずるがしこそうな顔をイメージ的に思い浮かべるが、僕が目を合わしたことのあるキツネたちの目は馬の目のように優しげである。女性的というのかな。

　坊がつるのキツネは逆光に黄金の毛並みをユーラユラと輝かせ、今日もまた悠々と茂みの中へと消えていった。去る前に一旦、山に視線を向けてから去ってゆく。あの去り方はなんだか意味深で、こちらになんらかのメッセージを訴えているように思えてならない。もともとこの辺りも君たちの世界だろうからなあ。

そういえば、よっちゃんはきつねうどんが大好物だ。

＊

1月20日　雨　朝7時気温2度

お昼過ぎ、外国人の方たち3名がひょっこりやって来た。男性2名・女性1名の若者たちのようで、驚くほどの軽装である。温泉が目的のようだ。売店で「タオル1枚クダサーイ」、「1枚ですか?」、「ナニ！　1万円！」というやりとりがあったらしい。ぼったくり山荘とたじろいだに違いない。この方たち、なんとお風呂に2時間近くも入っていた。何して遊んでたのだろう。

ちなみに昨日、僕は久々にお風呂で泳いでみた。数年前飛び込みもトライしてみたが、狭い浴室内では台風並みの大波が発生して、隣の女風呂から「うわっ！　なんの音?」という感嘆のつぶやきが聞こえてくることとなる。飛び込みは禁止であります。

＊

1月21日　雨後雪　朝7時気温2度

午前中、雨の中大工仕事をしていると、いつのまにか雨は雪に変わっていた。手の感覚がなくなるわけだ。

朝7時の気温は2度であったが、ただいま夜9時の気温はマイナス4度。テラスには真っ白な粉雪がふりかかっている。

＊

1月22日　雪

朝7時気温マイナス7度

山荘周辺は真っ白。部屋の窓からは、肌に触れると一気に凍結してしまいそうな淡く白い光が室内をボワーンと照らしている。雪反射のイルミネーションとでもいうのかな。寂しく静寂なる空間は冬独特の味わいではあるが、文明社会から隔絶された僕の部屋はそれを通り越してなんだか空し

ヒロエちゃんはスキーに出発（1.22）

自由散策中のポリ（1.22）

くなっちゃうなあ。雪が降り続くといういとわしさもそれに拍車をかける。

休憩時間、窓の外にうごめく物体発見。見慣れた顔、ポリであった。近頃はお昼過ぎに鎖を外して自由に散策させているのだ。登山客もほとんどいないし、この頃は法華院周辺をうろうろしているだけで遠くへは行かないようだ。一昨年あたりまでは、一晩どこかへ放浪の旅に出かけることもしばしばだったんだけど。

今日のスタッフ夕食は久々に僕がおかず一品を披露。オリーブオイルをたっぷりジャガイモに染み込ませたスペイン・オムレツだ。このスペイン・オムレツを法華院で作ったのは3回目だったかな。いずれも冬の人数の

少ない時で強制的にご馳走した。

しかししかし、未だに法華院の伝説として語り継がれている強烈料理を披露した人物がいる。あれはたしか4年前の冬。料理人は当時の男性スタッフ・タカハラ。3畳の部屋にドラ猫のように住みついていた変人スタッフである。どういう経緯でそうなったかは忘れたが、その日のスタッフ夕食はタカハラが作るということになったのだ。ご馳走されるのは僕とよっちゃん

上＝スペイン・オムレツ（1.22）
下＝タカハラ・ディナーを前に（1998.1）

である。よっちゃんは「私は好き嫌いがないから、なんでも食べられるよ」と、自信ありげにタカハラに伝えていたのであるが……。

　そろそろできたかなと部屋に入ってみると、なんと電気が点《つ》いていない。テーブルの真ん中に1本のろうそくが灯され、お皿が並べられている。そのお皿にはなにやら怪しげな黄色い物体がプカプカ浮いていた。どうやらこれがメイン・ディッシュらしいのだ。僕たちが席につくと、タカハラはすかさずラジカセのスイッチ・オン。サイモンとガーファンクルの「明日にかける橋」であった。お皿にプカプカ浮かべられた黄色い物体は、どうやら薄く焼いた卵焼きのようで、なんとそれはりんごジュースの上に浮かべられていた。一口食べると吐き気がしましたね。さすがのよっちゃんも、「う、う……」と声が出ない。小皿には失敗したというスクランブルエッグ、コップにはウイスキーとりんごジュースを混ぜたという、本人曰くオリジナル・カクテル、そしてデザートにはさらに大きな皿にりんごジュースが注がれ、付属のストローでチュウチュウ吸うというものであった。

　これほど食べるということに苦痛を覚えた夕食は後にも先にもない。慌てたよっちゃんは大急ぎで野菜炒めを作ったのであるが、その野菜炒めのおいしかったこと。即席野菜炒めにあれほど感動したことはこれまた後にも先にもない。タカハラは責任もってすべて食べ尽くしたが、なんと腹痛を起こしてしまった。

　まあしかし、あのタカハラ・ディナーは、夕食というものの大切さをとっても強烈に教えてくれましたね。ちなみにタカハラは学生時代からの親友であります。

＊

1月24日　雪後晴れ

朝7時気温マイナス4度

赤らみ始めた中岳（左）と稲星山（1.24）

凍結した御池と天狗ケ城（1.24）

午後より久々に中岳方面へと行ってみた。雪をまとった山々は夕日を受けてピンク色に変身してゆく。コントラストが徐々に徐々に強くなり、様々に表情を変えながら僕を見下ろしている。中岳はヒョイとあごを出して背伸びしているようだ。天狗ケ城は鼻高々にお池に浸かってズシリと腰が重たげだ。久住山は背筋が丸くてご老人の趣。隅っこでじっといじけているような稲星山は、よーく見ると非常に美しい山であることを発見。顔の赤らめ方も恥じらいが感じられてよろし

久住山落陽（1.24）

い。これは、クラスで目立たなかった女の子が実は実は相当なる美人であったという驚きと、どこか共通点があるような。

＊

1月25日　曇り時々晴れ　朝7時気温マイナス8度

いつものごとくポリは午前中の自由行動ということで鎖を外され、山荘のあっちこっちをウロウロウロウロしていた。玄関前のマットがお気に入りのようで、背中をゴシゴシこすり付けたり、ベターとのんべんだらりと横たわったりしている。

ところがところが、いつのまにやら僕たちの目を盗んで従業員室へ侵入したようで、ゴミ箱やらお菓子の空き箱やらをひっくり返し、昨日の夜僕が食べたラーメンのカップとお箸もなめられた模様。やってくれるぜミスター・ポリ。廊下にはポリ君の仕業と一目で分かるペタリペタリの足跡がくっきり残っておりましたぜ。

ポリはまったく反省の様子なく、今日の泊まりのお客さんと中岳へと出発。3時間程して帰ってきたが、お客さんはポリの名ガイドぶりに大感激だった模様。

滑って転んだ時には素早く駆け寄りペロペロなめてくれたんだそうだ。賢いんだかバカなんだか、未だによく分からんなあ。人間大好きだということは確かである。

夜、外国人の方々8名が来荘。食堂はなんだか外国のユースホステルのような雰囲気である。

お風呂代の１００円玉の中にクォーター・コインが交じっておりました。１ドルならまだしも、足りませんぜ。

＊

1月26日　雪後雨　朝7時気温マイナス1度

昨日の夜、日記を書き終わって温泉へ。温かい湯に浸かってしばしボーッと天井を見ていたら、水滴が落

ポリ侵入（1.25）

雪かきに励むまゆちゃん（1.26）

ちてきて目を直撃。しかもとびきりでかい水滴だったようで、沁みるというよりあまりの痛さに温泉でのた打ち回っていた。見事なるアイ・キャッチではあったが、僕の反射神経はにぶってんのかな。たしか水滴が落ちてくるのは見えていた。

　朝起きるとまた世界は真っ白。しかも30センチ近く積もっている。天気予報では雨であったし、気温も上がっていたから油断してたんだけど、またまた雪かき雪かき。

　休暇中であったスタッフを迎えに林道終点まで運搬車出動。ところが、ワイパーのない運搬車であるため、ちょっと走ると雪で前が見えなくなる。道も深い雪に覆われてどこまでが道なんだか分かりゃしない。カンで運転。時々道を外れて冷や汗かく。こんなに寒くても冷や汗ってかくんだなあ、と新たなる発見。

寒いでござんす（1.26）

足が冷たくないのかポリ（2.11）

2月

1年で最も静かなる時期

2月10日　曇り時々雪　朝7時気温マイナス3度

昨日の夜からぐんと冷え込んで、今日夕方に気温はマイナス4度。山荘裏の道はアイスバーン状態になっていて、スッテンと滑りこける登山客を5人程目撃。一人の方は運搬車にドスンと突っ込んでいた。これは当て逃げと言っていいのだろうか。

＊

2月11日　曇り後晴れ　朝7時気温マイナス7度

午後よりマー君と大工仕事であったが、食堂でもできる軽作業であったため、ストーブ

にあたりながらの快適作業。食堂奥にはステレオが設置されており、クラシック全集のCDが引き出しにずらりと並べられているのであるが、こうなったら聴いちゃおうということで、モーツァルトを聴きながらのなんとも優雅なる大工仕事となった。ヨーロッパの片田舎の職人さんといった感じでないかい。単純なのである。

夕方よりポリを連れて北千里浜へ。すると嵐のような突風が粉雪を撒き散らし、ポリの黒い顔はあっとい

北千里浜。後方は大船山（2.11）

う間に真っ白に。岩陰に仲良く避難。フィルム最後の1枚はそんなポリ君をパチリ。

＊

2月14日　曇り　朝7時気温マイナス5度

今日はバレンタイン・デイ。

毎年ではあるけれど、女性スタッフたちから心のこもった（たぶん）チョコレートをもらった。早速食べてみる。僕は甘党であるからして毎年うれしいのだ。ありがとう。

＊

2月15日　晴れ　朝7時気温マイナス5度

このところ電話で「3月○日前後の雪の状態はどうですか」といった問い合わせがあるのであるが、僕は予言者でないので分かりません。今年のミヤマキリシマの咲き具合はどうだ、という気の早い問い合わせもあるが、分かってたら僕は仙人か山神じゃあないかい。

＊

2月16日　晴れ　朝7時気温マイナス2度

今日は昨日にも増して暖かい日差しが照りつけ、日中にはなんと10度まで上昇。この陽気のせいもあってかお客さんも大勢来荘。この日記を読んでくださっている方も多数。昨日の掲示板で今日来ると書き込んでくれていた方たちかな。明日は立中山から大船山へと向かうらしい。このルートは去年の夏、マー君と迷いに迷いながら命からがら切り開いたルートである。こうやって利用していただくと、あの汗だくの日々は無駄ではなかったのだと、こちらもとてもうれしくなるのである。

仕事が終わって「お疲れ」と挨拶して事務所を出ようとすると、よっちゃんが「バイなら」と返してきた。よっちゃん、ちょっと古いんでないかい。

＊

2月18日　晴れ時々曇り
朝7時気温マイナス2度

いい天気だったが、午後より気温が急激に低下。午後9時30分現在、マイナス5度。寒い。この時期になると0度が非常に暖かく感

10度の陽気で大あくび（2.16）

じる
久々に散髪。このところ伸び放題だったのだ。鏡とはさみを持ってキャンプ場辺りに行くのであるが、くれぐれも散髪している光景は人に見られたくないもんだ。はさみを持ってうずくまってる姿は山の変質者ってな感じだ。

自分で散髪するとなると後ろ髪が難しいのであるが、毎度のことながら適当に手の感触で切ってゆく。かなり乱れてしまうが、きっちりするのは大嫌いなのでこれでいいのだ。

しかし冬場の散髪は手が凍えて非常に辛い。

＊

2月19日　曇り　朝7時気温マイナス4度

下界で運転免許取得を目指しているまゆちゃんから仮免合格とのEメールが来ていた。学生たちにまぎれてがんばってんだろうな。山に帰ってきたら早速、運搬車を運転したくなっちゃうかもなあ。

数年前、新車の運搬車がやって来た時、よっちゃんが「わーいわーい、運転させてさせてー」と言うので運転させてみたら、ドカンとぶつけてミラーを割った

ということがあった。僕が運搬バイクを運転していた時も、「わーいわーい、運転させてさせてー」と近寄って来てすかさずハンドルを奪い、しばしS字暴走してこれまたドカンと車庫に突っ込んだということもあった。よっちゃんの悪い癖は「わーわーっ、ぶつかるー」と叫びながらアクセルを吹かすということだ。山で運転中のよっちゃんを見かけたら、皆さんすかさず逃げましょう。

＊

2月21日　晴れ　朝7時気温2度

朝の気温が久々にプラスとなった。こうなったら半袖でもいいやといった陽気である。山荘周辺の雪はほとんど溶けてしまったが、お風呂の洗面台の排水がなぜか凍結したままだったので、やかんでパイプに熱湯を注いでジワジワ解凍。すると、パイプの中からゴロンゴロンと筒状の氷が出てきた。アイスキャンデーのようであるが、洗面所の排水が原料であるため、誰かのうがい水などがまぎれてたりするだろうからきっと臭いのだ。

＊

2月22日　雨後晴れ　朝7時気温2度

獣がやって来たのか、ポリがウォンウォン吠えている。ポリの声は結構遠くにまで響くもので、たしか白口谷を降りている時も聞こえていた。遭難者にとっては愛の鐘ならぬ愛の遠吠えになりうるかもしれん。数年間まで山荘裏の砂防ダム工事が行われていた時は、その土木会社社長の声が三俣山山頂まで響いていた。たしかに声は異常に大きな人であったが、何を言っているのかよく分からない人でもあった。今となっては懐かしい。

＊

2月23日　晴れ　朝7時気温マイナス1度

午前中のティー・タイムにチャイを作ってみた。チャイは牛乳で紅茶の葉を煮出すというものであるが、最初にお湯で煮出したほうが紅茶のコクが出るということで、その通りにやってみる。

スパイスにはカルダモンなどを使うらしいが、ここにはないためシナモンを使用。そしてぐつぐつ煮てみる。

すると、なかなか風味豊かなるチャイの完成。ネパールで飲んだチャイはとことん甘かったのだが、あれは甘いものが似合う街に身を置いているということなんだろう。お渋い日本茶の国であんな甘いチャイを飲むのは場違いな感じだろうし。とはいえ僕は甘いもの大好きであるので、とりあえず砂糖を一杯。うーん、カトマンドゥの町並みが目に浮かぶぜい。

皆さんにもなかなか好評でありました。

今日はポリ君、なんと耳と耳の間にクモの巣が張られていた。かつての従業員タカハラは、朝起きると親指と人差し指の間にクモの巣が張られていたということがあったが、まったくどちらも屈辱的でないかい。そういえば、なんとなくポリとタカハラは顔が似ている。

クモの巣張られたポリ　(2.23)

春

北大船のミヤマキリシマ群落（6月）

3月初旬、坊がつるに春を呼ぶ花・マンサクが一斉に咲き始める。まだまだ冬の表情から抜けきれない淡い茶色の坊がつるに、マンサクの鮮やかなる黄色がひときわ目を引く。耳を澄ませば「坊がつるにもやっと春が来たぞ」という、春の使者としての第一声が聞こえてきそうだ。

3月下旬、春の恒例行事となった坊がつる野焼きが行われ、本格的な春を迎える準備が整う。

しかし気難しい3月のこと、寒の戻りがひょっこりやって来て、マンサクに真っ白な雪をパラパラとふりかけてゆく。春の使者としての面目丸つぶれといったところであるが、これもご愛嬌。春の足音は着実に加速し始めているのだ。

4月になると、陽気に誘われたコブシ、アセビ、ハルリンドウなどが顔を見せ始める。山々は新緑の衣をまとい始め、冬の猛々しい表情を覆い隠してゆく。

5月はイワカガミ、ツクシシャクナゲなど、抑制の効いた控えめなピンク色の花が美しい。

そして6月、春の締めくくりとしてミマキリシマが咲き誇る。1年で最も多くの登山客が押し寄せ、山荘スタッフは山々を眺める暇もなくフル稼働状態に突入してゆく。

このように、自然も人間も静から動へと激しく移り変わってゆく春。それはあらゆる生命体の魂が歓喜する出発《たびだち》の季節だ。

春の使者マンサク（3.9）

3月

マンサク、野焼き、開山祭。とにかく春恋し

3月9日　晴れ　朝7時気温8度

休暇より山荘帰荘。

坊がつるはポカポカ陽気で、マンサクが咲き始めている。マンサクは、まず咲くからマンサクと呼ばれるようになったそうであるが、この坊がつるでも、まず咲くのはマンサク。

僕が休暇中、ポリ君は旅に出たようでまだ帰ってきていない。四日目だそうだ。うーん、こりゃあ心配。

どなたか目撃された方はご一報を。白に黒ぶちの小型犬。首輪は黒です。

お昼過ぎ、テレビ局が取材に来るというので迎えのため再び下山。東京のテレビ局で、日本中の怖い話を求めて取材しているという番組だ。インターネットで坊がつるキャンプ場の恐怖体験話を見てやって来たらしいが、坊がつるで怖い体験なんてしたことないんだけどなあ。たまに山荘従業員が夜中に散歩してたりするし、もしかしてその目撃情報だったりして。

＊

3月10日　晴れ　朝7時気温6度

午前中、まゆちゃんは四日間家出行方不明中のポリの捜索ということで坊がつるへ。

すると登山客の方から長者原にどうやらポリらしき犬がいるとの情報をキャッチ。なんでもゴミ箱に顔を突っ込んだりお客さんから豚足をもらったりしていたそうだ。

イノシシにやられたのでは、と心配していたのだが、浮浪犬と化してほっつき歩いていたのだ。

ワゴン運搬車で長者原へポリ捕獲に出動。

しかし長者原といっても広い。一体どの辺りをほっ

帰荘中，どこかよそよそしいポリ（3.10）

つき歩いてるんだろう。今日は日曜で混んでるだろうし、こりゃあ少々手間取るかもしれんなあと心配しながら長者原到着。すると、なんと車のドアを開けた途端、後方に見覚えのある犬発見。浮浪犬ポリである。捜索時間1秒。「ポリ！」と呼ぶと、耳としっぽを垂らして上目遣いですたすた寄ってきた。これは反省の表情であるからして許してやるのだ。なんだか白の部分が非常に白く輝いているのだが、これは野宿して雨にでも打たれたのかな。たしか台風の日に小屋を吹っ飛ばされて一晩暴風雨の中で明かした時も、非常に白く輝いていた。自然漂白なのだ。

右足を少々引きずっているが、それ以外は外傷なし。ワゴン車の荷台に乗っけて山荘へ。すると途中でポリ君、後部荷台からエイヤと飛び越えて助手席に乗り込んできた。

流し目でチラチラこちらを窺うものだから、運転免許の試験官を思い出してしまったじゃあないか。

そしてポリ君、四日ぶりに帰荘。早速ヒロエちゃんがエサをやっていたが、おすわりを忘れているとのこと。エサをやる時はいつもおすわりをさせているのであるが、この四日間の浮浪化でどうやら愚弄化してしまったらしい。ゴミをあさる前におすわりなんかするわけないもんなあ。

ご協力いただいた方々、ありがとうございました。

＊

3月12日　晴れ時々曇り

朝7時気温5度

本日はマー君と坊がつるより三俣直登コース整備なのだ。重い草刈機を背負って刈ってゆく。このコースはほぼ斜面どおりの急傾斜コースであるため、足場がなかなか確保できず踏ん張りが利かない。し

三俣直登コースの草刈り（3.12）

三俣直登コースより
坊がつるを見下ろす（3.12）

かも、ただでさえ大変なコースであるのに、草刈機を背負ってスパスパ刈りながらの作業登山であるから、一歩間違えば大怪我につながるので、身も心も神経を使う。僕もマー君も一体何度ズッコケただろう。とりあえず怪我なく無事終了。

　ということで、坊がつるからの三俣直登コースは2002年3月現在、コースを間違えることはないでしょう。しかし当然のことながら傾斜角度はそのままです。悪しからず。

　このコースを登るには軍手が必要。場所によっては四足で登ったほうが楽です。また、下るには脚力を非常に必要とします。ジャンプして狙いどおりの場所に着地する技術があればなおよし。

　僕は草刈機を背負ってジャンプして狙いどおりの場所に着地できると、思わず10・0！と心の中で叫びましたね。

　なおこのコース、夏になると草が茂って隠れてしまう可能性があります。分からなくなったら引き返しましょう。

＊

3月14日　曇り後雨　気温8度

　団体のお客さんと一緒に見慣れぬ犬が来荘。一緒に付いてきたそうだ。小型の日本犬で毛並みは白っぽい茶色。

　すると、到着するなりポリの小屋へスタスタ向かい、なにらや親しげに鼻を合わせてクンクンやっている。ポリもしっぽ振ってるし。

　もしかすると長者原の犬ではないかということで連絡すると、やはりそうだった。とすると、こ

ポリの友達来荘（3.14）

まゆちゃんからポリへのプレゼント（3.15）

の前のポリ君長者原四日間の旅で親しくなった犬なのかな。恋人かと期待したが、オスであった。

「なんだ、お前ここの犬だったのか」ってな感じだろう。

＊

3月15日　曇り後晴れ　朝7時気温7度

休暇中のまゆちゃんからもポリへのプレゼントが届いていた。大きな骨型ガムであったが、果たしてポリ君噛み切ることができるのやら。袋の宛名の「ミスターポリさま」には笑ったな。

＊

3月17日　晴れ後曇り　朝7時気温4度

ポリはこの頃お客さんから「おっ、脱走好きのポリだ」などと呼ばれたりしている。「くじゅうのさすらい犬」とでも呼んでくれれば少しは格好いいのになあ。ポリ君この頃、目の周辺の白髪が増えてきたようで、逆パンダ模様になりつつある。もうシニア犬だもんな。

3月19日　晴れ　朝7時気温2度

早朝6時起床。マンサク撮影のため大船林道鳴子橋付近へと出発。うずくまってグーグー寝ていたポリをワッと脅かして強制連行。

ここ数日冷え込んでいて朝の気温も2度程。セーターの上にフリース、そして手袋も装着。とはいえ雪山の撮影に比べれば気楽なもんだ。

坊がつるは青い冷気に包まれ、まだまだお目覚めではない模様。しかし、上空では朝焼けがジワリジワリと進行し、大船山上空を真っ赤に染め始めている。すると間もなく、三俣山頂上付近に朝日が射し始めた。朝焼けの雲から赤い霊気を吸い取っているかのように、岩肌は赤茶色に輝き始める。酔っ払いのようでもある。

鳴子橋付近のマンサク（3.19）

まぶしい輝き，マンサク（3.19）

今日もいい天気だ。マンサクが咲き誇る鳴子橋付近に到着。黄金色に変化し始めた山々と共に数枚撮影。マンサクは満開のものからまだつぼみのものまで様々。個性豊かである。

やがて坊がつるにも日が射し始め、マンサクはまぶしいほど輝き始める。やっと長い冬が終わったなあとホッとさせてくれる暖かい黄色だ。夢中でシャッターを切る。

今日は一日中、土木作業員。大船林道の崩壊箇所に砂利を敷いてゆく。

たしか学生の頃、金欠になるとこんなバイトやってたなあ。30過ぎてもやってる僕。まあ、あの頃と立場は違うんだけどね。えーいと小石を蹴ったつもりが、埋まった石だった。涙が出た。

3月22日　雪後雨　朝7時気温3度

朝からみぞれ交じりの雪が降り、大船山頂上付近は白く雪化粧。

やがて雨になり雪はすべて溶けてしまったようだが、たしか去年もこの時期に冷え込んで、坊がつるは一面真っ白になったのだ。昔は3月でも1メートル近い積雪があったそうで、5月に入っても雪がちらついていたという。とすれば、今の時期の冷え込みというのは正しい季節の出来事であって、あまりに暖かいここ数日がやはり異常なのだ。

地球は大丈夫なのか。

＊

3月23日　晴れ　朝7時気温マイナス3度

今日は夕方から山荘下の広場で護摩《ごま》焚きが行われ、夜は大部屋にて神楽舞、そして明日は三俣山で開山祭が行われるということで、久々に山荘は大賑わい。

午後5時過ぎ、受付もほぼ終了し、ちょいと抜け出して広場に護摩焚きを見学に行ってみた。この護摩炊きは、瀬の下の金剛宝寺の方々にお願いして毎年この時期に行っているのだ。もう火は下火となっていたが、

上＝護摩焚き
下＝神楽舞（3.23）

それでも寒い体にはあったかい。金剛宝寺の方々が法螺貝をホウホーと鳴らしながら登山客の安全、健康を願う。

　お客さんが夕食を終え、7時半頃から天井がドンドン鳴り始めた。二階の大部屋で神楽舞の始まりなのだ。舞っていただくのは飯田高原の方たちで、仕事が終わってから駆けつけてくれたのだ。

　僕もカメラ抱えて早速見学に。太鼓・小太鼓の音に合わせて、殿様のような格好した人が舞っている。荘厳なる光景である。去年は外で行われたため寒さを我慢という苦痛があったが、今年はストーブの前での舞なのだ。裏方では「太鼓のリズムが早すぎる」という不満の声もあったらしい。「ゆっくりしてくれと言ったのになあ」とつぶやきながら舞台に向かったそうな。いろいろ苦労があるんですねえ。

　神楽舞が終了し、役者の方々を送りに行った際、いろいろと話を聞かせてもらったが、やはりみんなが集まって練習する機会というのがなかなかないとのことで、ぶっつけ本番のような時もあるそうだ。後継者問題もあり、今回太鼓を叩いていたのは中学生である。若い人は非常に貴重な存在らしく、可愛がってやらなくちゃあいけないんだそうだ。

　みなさん、お疲れさまでした。

＊

3月24日　曇り時々晴れ　朝7時気温マイナス1度

　本日は三俣山山頂にて法華院主催の開山祭。

　午前11時開催予定であるが、早々と法華院を出発した方も大勢おられる模様。三俣山を見上げると、なん

法螺貝の音色を聴くポリ（3.24）

と霧氷がびっしり付いている。昨日、今日と非常に冷え込んでいるのだ。早々と到着された方は待つ時間が辛いかも。

僕たちは9時、法華院出発。10歳の誕生日を迎えたばかりのカツヒサも元気に出発。ベトナム人のようなトンガリ三角錐の帽子をかぶっているが、自分のお小遣いで今日のために買ったものだそうだ。「僕にぴったりかなと思って……」とのこと。うーん、ノー・コメント。

ポリも同行させ、先頭はポリにチェンジ。登山中は白装束に身をかためた金剛宝寺の方々が法螺貝を所々で鳴らす。三俣の山肌にウォンウォンこだましている。こちらは厳かなる修験僧のような気分になってくる。そんなこともおかまいなしに、ポリはなんと4回もウンコした。法螺貝はお腹に響くのかい。

金剛宝寺の方に法螺貝についてお聞きしたところ、法螺貝というのはとにかく難しいとのこと。あの音にはなんと5音もあるらしいのだが、初めは2音出すのがやっとだそうだ。しかもこのような登山中に鳴らすとなると、酸欠状態となってとにかくキツイらしい。息を整える間もなく鳴らしてるみたいだし。しかも白装束であるため、当然のことながら登山靴ではなく足袋なのだ。修行でありますねえ。しかし、一応足袋対応のアイゼンは持ってきているらしい。特注品だろうか。

スガモリ越で一休みし、三俣山登山道へ。ポリは通過する人ごとに「ミスター・ポリ」、「ミスター・ポリ」

開山祭（3.24）

と呼ばれ、エサを求めて駆け寄ってゆく。あのいやしさは誰に似たんだか。

11時10分前、三俣山頂上着。方向を考慮しながら準備を進める。いろいろと置く場所と方向の決まりがあるらしい。

そして開山祭。

金剛宝寺ご住職のありがたいお言葉と共に法螺貝が鳴り響く。くじゅうはその昔信仰の山々であったから、そんな時代を彷彿とさせる光景である。開山際は15分程で終了。

後方に大荷物となった大うちわ（3.24）

そしてみなさん、お気づきになられたでありましょうか。大きなうちわが寂しげに置かれておりましたが、あれは先日僕たちが苦心して作った竹製大うちわでございます。表には大きく「春」と書かれております。開山祭中に大きくあおいで春を呼ぼうというシチュエーションを思い描いておりましたのですが、あまりの強風のため断念となりました。寂しげでしたねえ、大うちわ。

そして帰りは、先日僕とマー君で整備した三俣直登コースを下る。

先日の雨で地面は非常にぬかるんでいる。おまけに急な下り斜面であるため金剛宝寺の方々も何度も滑っていた。スイスイ進んでいるのはポリだけだ。さすが四駆。

1時過ぎ下山。みなさんお疲れさまでした。法華院テラスで昼食。

金剛宝寺ご住職もこのホーム・ページを楽しんでおられるとのこと。ありがたき幸せでございます。「あの軽ーい感じの文章がいいですねえ。私が書くとやはり難しくなってしまいますからねえ」とのこと。たしかにご住職がポリのウンコのことなんて書いてたら、お寺の威厳にかかわりますからねえ。

*

3月26日 曇り後雨　朝7時気温3度

外国人の方が宿泊している。このところ外国人が多くなったなあと思う。以前、女性スタッフたちはお風呂で外国の方と一緒になったらしいが、その方はお風呂でまず水浴びしてから湯船に入っていたそうだ。真冬にである。いくら頑丈な体格とはいえ、真冬の法華院で水浴びとは命にかかわるのではないか。どうもその方は体を流してから湯船につかるという日本のお風呂マナーを忠実に守ったということらしい。「オー・マイ・ゴッド！」とかなんとか叫んでいたそうだ。外国人のみなさん、体を流すのはお湯で結構です。

＊

3月28日　晴れ　朝7時気温3度

あせび小屋周辺のアセビが咲き始めていた。あせび小屋というだけあって周囲はアセビだらけなのだ。このあせび小屋についてよく問い合わせがあるが、この小屋はしんつくし山岳会の小屋でありまして、一般の方は宿泊できません。

　昨日から女風呂の30センチ程の温泉パイプの先が行方不明であったのだが、今日覗いてみるとちゃんとあった。みんなに聞いてみても、知らないうちに戻っていたとのこと。誰が持ち出したかは不明。僕が推測す

るに、キャンプの人たちが火を起こすのに使ったんじゃないかな。もしくは外人さんが忍者ごっこでもしていたか。潜ったり吹き矢にしてみたりして。

＊

3月29日　雨　朝7時気温7度

大雨になったため、坊がつるでキャンプ中だった方たちが避難して法華院の食堂に集まっている。春とはいえ雨に濡れるとやっぱ寒い。高校生、大学生が多いのかな。

　そして今日もいたいた、外国の方。白人カップル二人である。カレーを注文していたが、日本のカレーはお口に合いますかな。

　するとなんと、「オハシ、カシテクダサーイ」とお箸を要求。なんだなんだ、もしやお箸でカレーを食べ

アセビ（3.28）

るとでもいうのかい。その通りであった。本人たちは「ワタシタチ、ニホンノブンカ、アイシテルネー」というつもりなのであろう。返却された食器を見ると、お箸でカレーをつっつきつっつき引っかいた形跡が確認できた。

外国人のみなさん、カレーライスは日本人でもスプーンで食べます。

*

3月30日　晴れ　朝7時気温4度

坊がつる木道にてカニを発見。山荘にもしばしば現れる小さなカニだ。この木道付近は小さな小川が流れていて、アブラメという魚も棲息している。

アブラメ

*

3月31日　晴れ　朝7時気温5度

坊がつる野焼き。

午前中から100名程のボランティアの方々が坊がつるに集結し、10時過ぎに火入れ。僕は背中にジェットシューターを背負って火消し役となる。

今年は野焼き範囲が広がり、あせび小屋下の湿地帯も焼くことになっていたのであるが、ここがなかなか焼けない。火入れした直後はボーッと大きな炎を上げるのであるが、すぐに下火となって消えてしまう。どうも想像以上に水分が多いらしく、マー君はなんと膝まで埋まってしまって長靴の中までビシャビシャという悲惨な状況になっていた。底なし沼があるかもしれぬ。僕も一度膝上まで埋まったことがあったが、そこ

上＝坊がつる野焼き
下＝火入れ（3.31）

は坊がつるのトイレ裏であった。湿地というより肥溜めを想像してしまいましたね。

　湿地帯が減少してきたという坊がつるであるが、このあせび小屋下のようにまだまだ水分みっちりという場所も多いのである。

　ほかの場所は順調に火が上がり、平治岳上空にモクモクと煙が上がっていた。アセビはとりわけ油分が多いせいか、火が入るとジュワーッと天ぷらを揚げるような音を発して燃える。

　お昼前に無事終了。坊がつる一面が真っ黒となり、独特の焼け跡の香りが漂っていた。この香りは「日本の香り１００選」にも選ばれている。

　ここで野焼きの効果について、植物学者の先生からお聞きした話を一つ。

　それは優先度というものが関係していて、たとえば野焼きをしないままであると、優先度の高いススキなどが大いに繁殖し、そうなると本来その場所に自生している植物たちの優先度が低くなり、日光が遮られてやがては消えていってしまう。そして木々が繁殖し、やがて森林化する。それを食い止める手段というのが

野焼きだというわけ。これは別に焼かなくてもススキを刈ってしまえばいいわけなのであるが、一番効率的なのが野焼きなのである。

　では、野焼きをしていなかった時代はどうであったかというと、火山灰などが積もってその優先度というものが自然調整されていたらしい。また昔は牧草目的で野焼きが行われていたが、今では坊がつるのように自然再生という観点からの意味合いが強いとのこと。

　5月になれば坊がつるには新しい緑たちが芽を吹き始める。

野焼きの後（3.31）

上・下＝コブシ（4.13）

4月

若い緑の芽吹き

4月13日　晴れ　朝7時気温9度

休暇より帰荘。

下界を出発する時は半袖でいいかななどと思っていたが、やはりここは標高１３０３メートル。寒いのです。

坊がつる春の二番手、コブシが咲き始めていた。

＊

4月14日　晴れ　朝7時気温10度

昨日の寒さは和らぎ、本格的な春の陽気。

厳しい冬を耐え抜いたポリ君も元気に小屋周辺に穴を掘りまくっている。まゆちゃんが与えた大型犬用の骨型ガムも、どこかの穴に埋めちゃったみたいだ。ポリが留守の間によっちゃんがこっそり掘り返してみたらしいが、見つからなかったらしい。ポリ自身もどこに埋めたかなんて覚えてないだろう。

またポリは意外と少食で、与えたエサを残してしまうことが多いのであるが、先週エサやり担当だったまゆちゃんの話によると、ここ数日はすっかりきれいに残さず食べていたそうだ。ポリは春になって食欲が出てきたなあと感心していたのであるが、それはなんとカラスが残飯をあさっていたという

アセビと白口岳（4.15）

ことが判明。カラスはドッグフードも食べてしまうのだ。まゆちゃんも味見してみようと言ってドッグフードをかじっていたが、非常に脂っこくてまずいらしい。

＊

4月15日　雨　朝7時気温13度

あせび小屋前のアセビが見事に咲いていた。ほんのりと明るい光を発しているランプのような花がいくつも連なっている。とびきり光ってるのがあるぞと顔を近づけてみると、水滴であった。

＊

4月16日　曇り後雨　朝7時気温14度

非常に強い雨が降っている。雨粒が屋根をゴウゴウと響かせ、時折突風も加わって賑やかなのだ。発電機の音、そしてなにやらゲロゲロという鳴き声まで聞こえる。ゲロゲロだからカエルだろうな。ということで雨、風、ヤンマー発電機、カエルのカルテットの夜。

＊

4月17日　雨後晴れ　朝7時気温14度

朝方の気温は14度。あったかい春の陽気だなあと、ぼんやりする間もなく気温は低下。

夜9時過ぎ現在、気温6度。ファンヒーター再び始動。

＊

4月19日　晴れ　朝7時気温5度

朝食を食べ、久々にポリと早朝散歩。天気は快晴。午前8時過ぎ、朝日はすでに大船山のはるか上であった。坊がつるにも暖かい春の日差しが差し込んでいる。野焼きの後にも緑が芽を吹き始め、立中山麓や法華院キャンプ場ではすでに青々とした葉っぱを春風にユサユサさせている木々も見られる。朝日のやわらかい赤茶色の日差しが新緑の葉っぱに降り注ぎ、その光は葉っぱをトランポリンのように跳ね返り跳ね返りしなが

大雨の日の鳴子川（2000.6）

若葉たち（4.19）

ら、周囲にまんべんなく春の種蒔きをしているようだ。この新緑の時期になると、やっと春なんだなあという心の節目というか、生きている上での一つの区切りというものを感じる。

夕食は食堂でみんなと一緒にカモ鍋。食堂奥のステレオでベートーヴェンの「運命」をバック・ミュージックにしてカモ鍋を食べた。今までにこんなシチュエーションで鍋をつっついたことがあっただろうか。

以前、モーツァルトを聴きながらマー君と食堂の大工仕事をしたことがあったが、これはヨーロッパの田舎の職人になったような気持ちになってしまい、妙に仕事が捗ったりしたのだ。ベートーヴェン「運命」と「カモ鍋」はどうかというと、カモは僕たちに食べられる運命であったのだなあ、としんみりしちゃったのだ。

4月20日　雨

朝7時気温9度

またまた雨。このところ山荘は改装工事を重ねているため廃材があちらこちらに散らばっている。なんだかもったいないなあということで、この廃材を利用して家具でも作ってみるかということになった。

まずはテーブル。厨房にあったお膳棚に使用していた杉を組み合わせて作ってゆくのだ。古めかしい感じがたまらなくいい。新しい材木では絶対に出せない味わいだよなあ。焦げ茶というかなんというか、年月を感じさせる重み色というのがありますね。

大工道具は山荘に一式揃っているため、なんら不自由はない。「法華院建設」と呼ばれてるくらいだからね。早速サンダーで杉を磨いてゆくと、中の真新しい色合いと歴史の色合いが混ざり合って、こりゃまたいいじゃないか。

とりあえず今日は加工作業のみで終了。

新芽（4.19）

小さなカウンターになりうる材木も見つけた。新しい楽しみが増えた。

関係ないが、よっちゃんは事務所で一人でコケて足を腫らしているそうだ。

＊

4月21日　雨時々曇り　朝7時気温12度

お昼前、あせび小屋の方がやって来てしばしお茶を飲み談笑。今日の話題は芹洋子が坊がつるにやって来た時のお話。

芹洋子の「坊がつる讃歌」がヒットしたのはもう20年以上前になるのかな。阿蘇でのコンサートで観客から教えてもらったこの歌を、芹洋子が非常に気に入ってレコーディングしたところ大ヒットしたというエピソードがある。しばらくして芹洋子がこの坊がつるにやって来たらしい。レコード・ジャケットでは芹洋子はベンチに腰掛けているが、あのベンチはかつてあせび小屋の前にあったベンチとのこと。バックには鉾立峠が見える。

夜になると坊がつるでは2メートルにも積み上げられた枕木に火がつけられ、その火を囲んで芹洋子と共に大合唱大会が行われたそうだ。あの頃は山へ行けばみんな肩組んで山の歌を歌っていたらしいが、今ではまったく見られない光景だなあ。時代というものなのでありましょう。

＊

4月22日　曇り時々晴れ　朝7時気温12度

北海道からのツアー団体客が到着。ここの季節はまさに今の北海道と同じくらいだと言っていた。そうかそうか、ここは九州の中の北海道なのであるな。

＊

4月23日　雨時々曇り　朝7時気温12度

朝からまたまた雨。先週、今週と雨ばっかりだなあ。やっと僕も雨がシトシトと降る朝の静けさというものの良さが分かってきたのであるが、これは成長というものでありましょうか。

しかし、雨の日はポリの散歩もできないし、やっぱ晴れの日がいいよなあとすぐさま心変わり。こうも雨が続くと、いかに雨を楽しむかということを真剣に考えなくちゃあならんなあ。特に出かける場所もない山奥では、精神状態を保つためにもこりゃあ死活問題と

もうすぐ満開，コバノミツバツツジ（4.24）

もなりうるのだ（大げさかな）。

＊

4月24日　晴れ時々雨　朝7時気温14度

大船林道終点付近のコバノミツバツツジのつぼみが大きくなっている模様。

ここのコバノミツバツツジはなかなか見事なのであるが、このツツジ、かなり神経質な体質のようで、まったく咲かないという年もあった。その年は山荘裏の砂防ダム工事の大型キャタピラ車が頻繁に行き来していた年で、林道も相当荒れてしまったのだ。そして、この年だけ林道沿いのコバノミツバツツジがまったく咲かなかった。花々にもストレスがあるということだろうか。

お客さんが「白いツツジが咲いてました」と言っていたのだが、今頃ミヤマキリシマが咲いているはずないし、まして白となると数万本に一株という割合だ。どうも野イチゴの花のことだったようだ。

＊

4月25日　曇り時々晴れ　朝7時気温5度

いきなり5度まで冷え込んだ。

夕食時、お客さんに「ご飯の盛りはどうなさいますか」と聞くと、「オレは中、、、盛り明菜！」と答えた方がいた。冷え込んでますねえ。ちなみに小盛り希望の方では「小、、盛りのおばちゃまで」と言われる方が多いようであります。大盛りは果たしてなんでしょう。

数日前より廃材で製作していた机が二つ完成。早速事務所に置いてみた。なか

机完成（4.25）

新緑の立中山（4.26）

立中山はこの辺りではなんてことのない低山で、芋虫のようなずんぐりで、写真としてもあまりいい被写体とは言えないのであるけれど、4月から5月にかけての新緑の時期、この山は最も人目を引く美しさで一気にスターの座にのし上がるのだ。

なかいいじゃあないか。家具職人には決して真似のできないずれや段差といった愛嬌が大きな大きな魅力なのであります。明日はこの机で朝ご飯だ。

＊

4月26日　晴れ

朝7時気温5度

立中山の新緑がまぶしいほど輝き始めたので、朝方早速、ポリとキャンプ場辺りまで撮影に。

新緑は紅葉とは逆に低い所から上がってゆくので、低山である立中山は周りの背高のっぽたちを差し置いてひとり美しくなっちゃうのだ。正にひとり勝ちなのでありますね。朝8時頃から9時にかけての斜光線に輝く立中山は宝石をちりばめたようだ。

ハルリンドウ（4.26）

この時期を過ぎると立中山は一気に落ちこぼれて、芋虫山に戻ってしまう。イエスタデイズ・ヒーローってやつかな。しかし眺望は年中なかなか素晴らしいです。

坊がつるにはハルリンドウがたくさん顔を出しているということで、夕方再びポリと撮影へ出発。

陽が傾いてきたにもかかわらずたくさん咲いていた。このところずっと天気が悪かったから、反動で一気に咲いたということかな。

5月

山々は新緑に衣替え、登山客急増

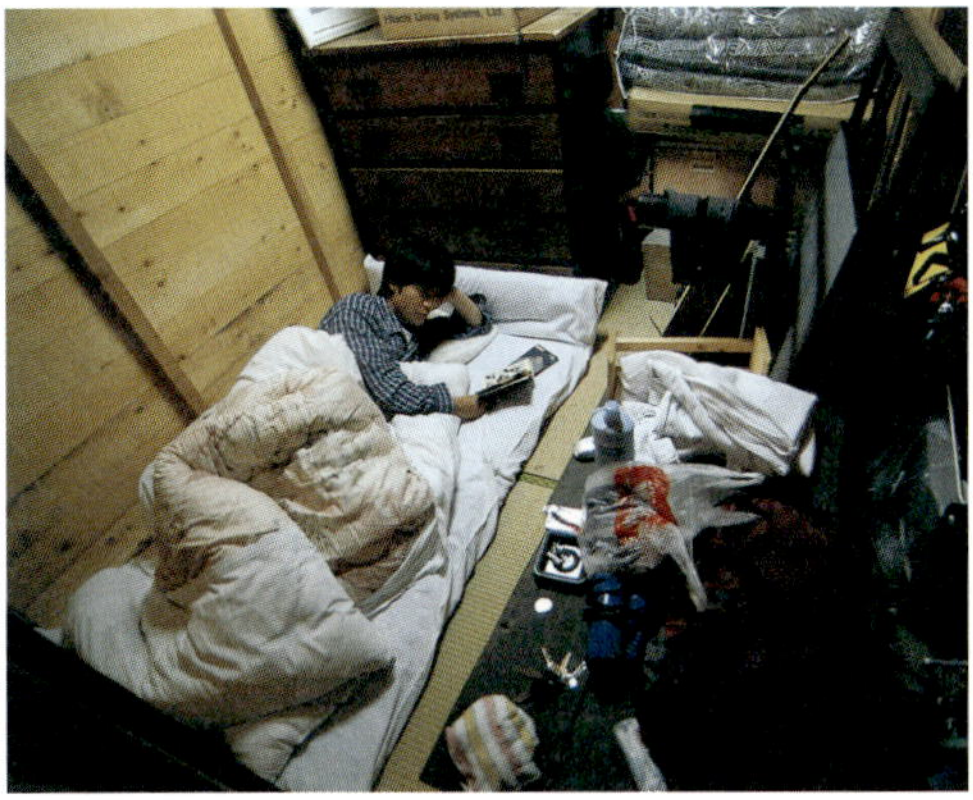

タカハラ（5.3）

5月3日　雨　朝7時気温15度

雨にもかかわらず大勢の登山客で賑わう山荘。そんな中、友人の元山荘スタッフ・タカハラが来荘。空室がないということで、以前住んでいたカビ臭い3畳間へとご案内。現在でも〝伝説のタカハラ部屋〟と呼ばれている空間であり、北向き3畳間という「かぐや姫・神田川」の世界なのだ。近くに銭湯はないが温泉はあるぞ。主がやって来て、きっと部屋も喜んでいるに違いないのだ。

現在は物置になっているため、片付けて2畳分のスペースを確保。北向きの窓は荷物でふさがってしまい、部屋というよりは正に空間となってしまった。しかしタカハラはここに住んでいた頃、窓のカーテンを開けたことがないのだ。まさにカビと共に住んでいたわけなのである。今でもこよなくこの部屋を愛しているそうな。人間の価値観はほんと人それぞれでありますねえ。

＊

5月4日　曇り後雨　朝7時気温10度

朝から食器洗いばかりで手がしわしわになってしまった。さりげなくマー君やタカハラに交代してもらう。

昨日からアルバイトに来ている女子大生から、このホームページのアドレスを知りたいといううれしいご依頼。若い女性に見てもらうというのも非常に新鮮であるため、とことん教えちゃうのだ。

＊

5月6日　曇り　朝7時気温10度

ゴールデンウィーク終了ということで、アルバイトの賑やかな女の子たちがお昼過ぎに下山。急にひっそ

アルバイト整列！（5.6）

りとしてしまい、寂しくなってしまった。忙しい時は早くヒマにならんかなーと考えることもしばしばであるけれど、こうやってひっそりとしてしまうと、あの賑やかさが恋しく思えてくる。毎回のことではあるけれど。

＊

5月10日　曇り時々晴れ
朝7時気温10度

大船林道終点付近のコバノミツバツツジが見頃となった。鳴子橋付近は特に見事。

＊

5月12日　晴れ　朝7時気温7度

お昼からバンガローのクレオソート塗り。このクレーソートという木材防腐剤は、列車の枕木などに塗られているあの独特の香りのする焦げ茶色の液体なのであるが、皮膚に付着すると荒れてしまう可能性があるちょいと怖い液体でもある。

僕は以前、この作業の後に目の周りが荒れてしまっ

たことがあるため、それ以来オリジナルの仮面を製作してそれをかぶって作業をしている。「クレオソート仮面」と命名しているのであるが、これはサングラスの周りに段ボールの切れ端を丹念にテープで引っつけてゆき、口の上からおでこまでスッポリ覆うように設計されている。このクレオソート仮面を愛用し始めてからは皮膚の荒れは見受けられないため、この仮面は僕にとってオタスケ仮面でもあるのだ。欠点としては

上＝コバノミツバツツジ
下＝大船林道終点付近のコバノミツバツツジ（5.10）

クレオソート仮面（5.12）

非常に暑いということと、テープが黄色しかなかったため非常に目立つということだ。この仮面のまま何度か登山客に挨拶をしたことがあるが、１００％無視された。しかも怯えていた。クレオソート塗り作業中は誰にも会いたくない。見かけても怯えないでください。

山荘付近のミヤマキリシマが咲き始めていた。

＊

5月13日　晴れ後曇り　朝7時気温11度

本日も昨日に続きクレオソート仮面に変身してバンガローのクレオソート塗り。「クレオソート仮面ってそのまんまのネーミングじゃん」と指摘されたが、分かりやすいのが一番なのだ。

山荘周辺ではハエとカマドウマが異常に大発生している。**カマドウマ**は従業員室の階段をピョンピョン跳ねて上がってきている。カマドウマというのは「便所コオロギ」などという屈辱的なる別名を持っているのだが、たしかにトイレでもよく見かける。一昨年だったか、歯磨きが終わってコップでうがいをゴロゴロやっていたら、コップの中に便所コオロギがうずくまっているのを発見。エキスを少々飲んじゃったじゃないか。ウエッ。

アサギマダラも数多く見かけるようになった。こちらはひらひらして優雅ですねえ。

＊

5月14日　晴れ　朝7時気温12度

昨日仕入れた菜っ葉に**青虫**がまぎれこんでいた。そういえば数年前、仕入れのキャベツに付いてきた青虫

上＝カマドウマ
下＝アサギマダラ（5.13）

を二匹育てたことがあった。モンシロチョウになって華麗に羽ばたく日を夢見てそれぞれ、「モンシロウ」、「もん太」と名前をつけ、日々、糞を取り除いたりキャベツを盛りだくさん与えて正に手塩にかけて育てたのであるが、成虫になってみると、なんとそれは蛾だった。しかもとびきり醜いやつで、逆三角形の頭に無表情の複眼がにらみつけるという、少々鳥肌モノの蛾だったのだ。華麗に羽ばたくことはなく、パタパタ地面を這ってどこかへ消えていった。

キャベツに付いている青虫は例外なくモンシロチョウと思い込んでいたのだが、まったくまぎらわしいやつだ。そういえばサナギが異常に黒かったので怪しいという予感はあったのだ。こういった教訓をもとに、もう青虫は育てない。

しかし蛾に罪があるわけではない。

＊

5月15日　雨　朝7時気温11度

朝から大雨。シトシトなんてみみっちい降り方ではなくて、ドドッーと風呂桶の水をひっくり返したようなすさまじさだ。ここまで降ってくれるとかえって気持ちいい。毒気をすべて洗い流してくれそうな気がするし。

＊

5月16日　曇り　朝7時気温11度

このところ電話が鳴ると、80％はミヤマキリシマに関する問い合わせだ。電話を取る度に「うーん、そうですねえ」と考えている相槌を打ってお答えするのであるが、こうも頻繁に電話がかかってくると、相槌というのもどうも不自然な感じがしてしまって少々戸惑い気味。

大船山、平治岳のミヤマキリシマの見頃は、例年だと6月初めから中旬にかけてであるが、気温の変化によりかなりずれ込むことがある。5月中に満開を迎える年もあれば、6月下旬という年もある。このところ異常気象の続く地球環境であるので今年はどうなることやら。

＊

5月17日　曇り　朝7時気温11度

午前中、先日の大雨で荒れてしまった大船林道修復作業へ出発。側溝に枯葉が詰まってしまい、流れてくる水があふれて道の砂利を流してしまうというわけだ。ということで側溝に溜まった枯葉をクワで取り除く作業を続けていったが、出てくる出てくる大ミミズ。ムカデよりましではあるが、軟体動物の動きというのはつかみどころのないヤケクソ狂いといった感じで、視界に入っただけで気味悪い。青っぽく光る太い体をクネクネさせている。人間でいえば胴長短足ずんぐりといった感じであるが、ミミズの場合スマートだからといって格好いいわけでもない。噂によるとこのミミズは突っつくと水を吐き出すらしいのであるが、どっちが顔か分からないので、それはおしっこという可能性大だ。ミミズにおしっこをかけるとオチンチンが腫れるなどと昔からいわれているが、人間におしっこかけたミミズというのはどうなるのだろう。ミミズ腫れになるとでもいうのか。気になるところである。

本日は法華院に約30年前働いていたという方が来荘。15年間法華院で働いたとのこと。仕事が終わって事務所でゆっくり昔の話を聞かせてくれた。

まず驚いたのはその昔、この辺りでは2メートル近く雪が積もることは当たり前で、一度4メートル近く積もったことがあるそうだ。今ではせいぜい50センチだから、昔はやっぱ寒かったんだなあ。というより今が暖か過ぎなんだろう。

法華院本館の事務所はかつてその方が毎晩泊まっていた場所で、朝5時に起きてご飯のスイッチを入れるのが日課だったそうだ。

そしてこれもまた驚き驚きであるが、法華院に１０００人近い宿泊者がやって来た日があったそうだ。現在はせいぜい３００人が精一杯であるが、１０００人ともなると、廊下も食堂も人で埋め尽くされていたという。ほとんどが若者で、今登山客に中高年の方が多いのはその当時の人たちが山に登っているから

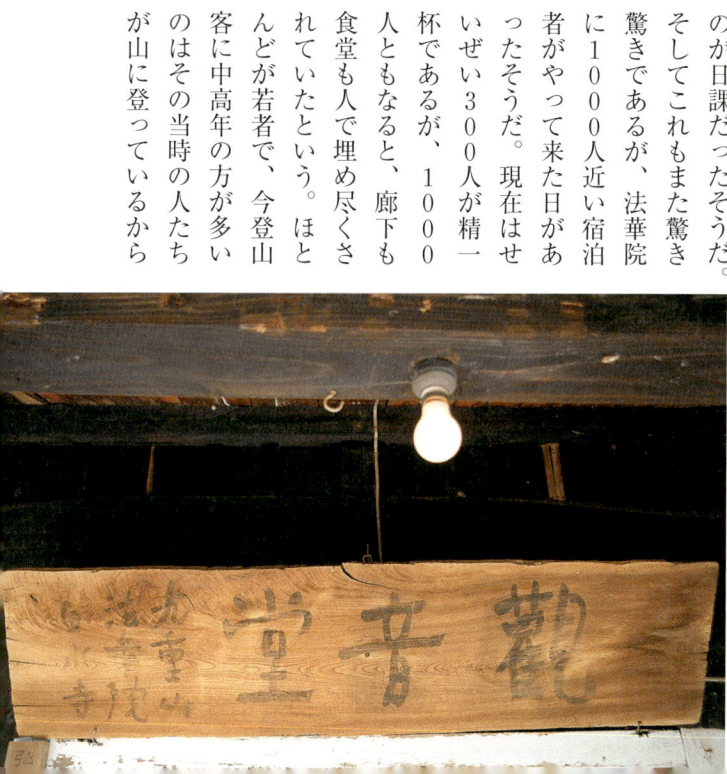

昔の看板（5.17）

だ、という。なーるほど。

　その方は法華院で働いていた女性とめでたく結婚。そして奥さんは妊娠したのであるが、なんとなんと法華院で破水してしまってスタッフもお客さんも大騒ぎになったという。大急ぎで下界に降り、翌日に湯布院で無事出産されたとのこと。大変だったろうなあ。運搬車もない時代であったから、終点辺りまで背負って下ろしたそうだ。正に山中生活って感じ。運搬車ってありがたいなあと今の法華院で生活する僕は思うのだ。

　余談であるが、本日運搬車がガス欠で坊がつるで立ち往生し、僕はエプロン姿にサンダルという恥ずかしい格好で坊がつるから法華院へと駆けていった。登山客に挨拶したが無視された。

　今現在、その方は農業をされているのであるが、農作物では原種が大事なのであるが人間の原種は自然だ、という言葉が心に響いた。自然を分からなければ人間も理解できないとのこと。これまた、なーるほど。15年間の山荘生活で得た格言ですかね。心に刻んでおきます。

＊

5月18日　晴れ　朝7時気温13度

　朝4時半起床。出番は8時からであるため三俣山へシャクナゲ撮影へと出発なのだ。雨ケ池からのコースで三俣山のお鉢を目指す。シャクナゲの群生がある三俣のお鉢へはこちらからのほうがはるかに早いのだ。雨ケ池からは直登となりかなりハードであるが、坊がつるからの直登コースほどの距離はないため、かなり短時間で三俣山に登ることができてしまう。このコー

上左＝イワカガミ
右＝鳴子川沿いのツクシシャクナゲ
下＝三俣山のツクシシャクナゲ群落（5.18）

満開のミヤマキリシマと老犬ポリ（5.19）

スはあまり人々に知られていないが、途中に池ありゼンマイありシャクナゲもありで、なかなか面白い。

　北峰付近のシャクナゲは朝日に輝き見事であった。中腹よりも上のほうが早く咲いているのは日当たりの問題だろうか。時間を忘れシャッターを切りまくった。

　坊がつるに咲くイワカガミ、ハルリンドウもまた見事。

＊

5月19日　曇り時々雨時々晴れ　朝7時気温10度

　山荘周辺のミヤマキリシマが鮮やかに咲き始めた。年によってかなり咲き具合は違ってくるが、法華院周辺は今年、当たり年のようだ。特にポリの小屋の横に

咲いている大きなミヤマキリシマの株は満開のようで、そのピンク色は夜中でもボワーンと淡い光を発しているように見える。隣りの白髪まじりのポリは花咲じいさんのようであるな。

　夜、ポリにエサをやりに行った際、ポリがウォンウォンと警戒の鳴きを発し、なんだなんだとゴミ置き場付近を見ると、なんとサルがゴミをあさっていた。去年は大きなサルが数回出没したが、あのサルの子供ということか。

　また先日は従業員室階段でゲジゲジが出没した。ゲジゲジは見た目は悪いが、ムカデと違ってハエなどを食べてくれる益虫と図鑑では紹介されているのであるが、まゆちゃん説によると、ゲジゲジが頭を這うとその人はハゲてしまうという恐ろしい生物なんだそうだ。犬飼町では常識らしい。小学生の頃、実際にそんな可哀相な同級生がいたそうだ。恐るべしゲジゲジ。

＊

5月20日　晴れ　朝7時気温8度

　一仕事終え、お昼よりポリと坊がつるへ散歩。あせび小屋付近ではマイヅルソウが咲き始めていた。

マイヅルソウ（5.20）

この小さな白い花は、葉っぱの曲線が女性の腰のクネリを彷彿させていいですね。

＊

5月21日　晴れ　朝7時気温10度

鳴子橋手前で黒ネコ発見。ススーッと黒い物体が横切ったかと思うと、茂みの中からジーッと鋭い目つきでこちらの様子を窺っていたのだ。一瞬、黒ヒョウかと思ったが、そんな猛獣はくじゅう山中にいるわけありませんね。ネコは何度か目撃したことがあるが、ここ最近黒ネコが何度か目撃されているという。それもどうやら一匹ではないらしい。捨て猫であろうか。

ということで帰りは「黒ネコのタンゴ」を口ずさみながら帰った。

＊

5月22日　曇り後雨　朝7時気温12度

ただいま夜の11時過ぎであるが、窓の外からトラツグミの鳴く声が聞こえる。ブランコがひとりでに揺れてるようなキー、キーと寂しげな声で、これがトラツグミの鳴き声だと知る前は不気味でなかなか寝付けなかったものだ。

＊

5月23日　曇り　朝7時気温12度

昨日、白人金髪女性がキャンプ場に一人でやって来ていたのであるが、法華院のお風呂代にどうもご不満のようで、「ワタシノBOOKニハ、モットヤスクカイテアリマース」と鋭い青い目で迫ってきた。どうもかなり古いガイド・ブックを使用しているようで、値上げしたんだということを主張したのであるが、値上げという単語がとっさに思い浮かばなくて、どうもボラれたと思ったらしい。

ということでこの白人金髪女性、今日の朝方キャンプ場で知り合ったらしい中年日本人オヤジ二人を従えてお風呂料金のことを再度確認にやって来た。二人は通訳というか用心棒でありますね。そしてまあどうやら納得したようなのであるが、要するに僕はボッたく

り小屋の怪しいアジア人と思われていたのであるね。まあ、あまり人相いいとは言えない男でありますからねえ……。

これから約20日間はミヤマキリシマが見頃になってくるということで、僕らにとって稼ぎ時であると同時に休憩時間もままならぬキツーイ寝不足日々が到来する。こういった恐ろしき日々を目前にすると休憩時間のありがたさがひしひしと心に響いてくるもので、有効に有意義に使わないともったいないなあという気持ちが押し寄せてくる。

というわけで、早速本日より休憩時間は有効に使うのだ。まず映画を観た。そして部屋に戻ってジャズを聴きながらコーヒーをすする。そしてしばし昼寝。ガバッと起きあがってポリの散歩。そして坊がつるにてハルリンドウとマイヅルソウの撮影。帰ってきてパソコン少々。そしてまたまた昼寝。やがて休憩時間終了。

うーん、なかなか充実した休憩時間だったではないか。ちなみに休憩時間は2時間15分。映画は小分けして観ているというわけでありますね。シーンが変わったところでスイッチ・オフ。明日のお楽しみ。

しかし気持ちは充実したが、体は疲れているではないか。

＊

5月24日　晴れ

朝7時気温11度

山荘周辺のミヤマキリシマが非常に鮮やかに咲いている。バンガロー周辺などではハッと目を奪われるほどの大きな株が一面に花を

上＝ミヤマキリシマ
左＝山荘前（5.24）

週末の法華院温泉
（5.25）

咲かせていたりする。ということで貴重な休憩時間を惜しみながらも撮影へと出発。バンガロー周辺で大株を数枚撮影。

＊

5月25日　晴れ
朝7時気温9度

週末ということで山荘は超満員、大部屋はもはや収容所状態。みんな大変な思いをしてでも花が見たいのでありますね。

僕は受付担当であったため、お昼から夜まで受付机にほぼ釘付け状態。花を楽しむ余裕などまったくありません。それほど次から次にお客さんがやって来たのでありますね。同じセリフの連続でまたまた声が涸れてしまった。

すると、ミスターKがやって来た。この名前は忘れないぞ。どこの国の人だか知らないが、去年の夏の夜、雨ケ池で迷ったらしく、真っ暗の中僕は一人で捜しに行ったのだ。結局、ミスターKは長者原に引き返して僕もとぼとぼ帰ってきたわけなのであるが、そのミスターKがとうとうやって来たのでありますね。すると白人のダラッとした若者で、それとは反比例的に非常に美しい若い白人女性と一緒だった。片言の英語で出身国を問うと、カナダだと言う。そして「去年、法華院に来ませんでしたか？」と日本語で聞いてみると、「オー、ソウネソウネ」。そうかそうか。そして本題。

上＝受付にて
下＝子供たちもやって来る（5.25）

三俣山斜面のミヤマキリシマ（5.28）

「その時迷いませんでしたか？」と聞いてみたのであるが、二人は聞こえない模様で、受付の前でキスし始めてしまった。おい！　お前はうらやましすぎるぞ。勝手にしてくれい。

＊

5月26日　晴れ
朝7時気温10度

　朝から食器洗いが続く。洗い場に延々と増え続ける食器の数々を見ていると、こいつらは増殖しているのではないかと疑ってくる。

＊

5月28日　晴れ後曇り　朝7時気温10度

　山荘周辺のミヤマキリシマはピークを少々過ぎた模様。立中山辺りがピークということかな。朝方、山荘裏の砂防ダムより望遠レンズで三俣山斜面を撮影。岩が剝き出しになっている斜面にへばりつくように咲いているミヤマキリシマは、正に高嶺の花といった感じで、望遠レンズでないととても手は届かないな。

　本日も大勢の登山客で賑わっている山荘であるが、お客さんの中には非常に困ったことを言ってくる方もおられて、疲れた体には非常にこたえるのである。たとえば昨日のこと。食堂に置いてある大型テレビを囲んで数人の方がテレビでクイズ番組を観ていたのであるが、とあるおばさんが不機嫌そうな顔し

岩場に咲くミヤマキリシマ（5.28）

てやって来て、「みんなクイズ番組なんか観てるようだけど、私は野球中継が観たいの。なんとかしてくれない」などと言うのである。なんとかしてくれったって、どうすりゃいいんだ？　みんなが楽しんでいる中に割り込んで強制的にチャンネルをかえろとでも言うのか。それとも「このお方が野球中継を観たいと申しておる。控えー！」と助《すけ》さん風に凄みをきかせればみんなひれ伏すとでも言うのか。

まったく……。

＊

5月29日　晴れ時々曇り　朝7時気温9度

毎日毎日大勢のお客さんを迎えている山荘であるが、チェック・アウトした後の客室を掃除していると、その方の個性というものが見えてきてこれがなかなか面白い。ふとんを元の場所にきっちり畳んで、「来た時よりも美しく」精神を持っておられる方や、ガバリと起きてそのまんま出て行ったであろうと思われる生活臭残存タイプの方、はたまたあらゆる方向にふとんを並べて寝ていたと思われる宗教儀式的タイプの方等々、正にふとんから見えてくる生活環境といった感じでありますね。読みかけの雑誌、カップヌードルのカス、毛布に張り付いたホッカイロ、時にはパンツやストッキングなども姿を見せるが、みなさん持って帰りましょう。チップにも何もなりません。

部屋の残存香というか人間臭というのもやはりみなさん個性的で、特に外国人の方の泊まった後というのは異国的でありますね。外国人は風呂に入るという習慣がないし香水で体臭をごまかすということが多いので、あれは香水の香りということなんだろうなあ。

日本人は体臭の少ない民族と言われるが、それでもやはり時折外国人どころではない強烈香を発しておられる方もおられるようで、先日は今までの記憶にない香りを嗅いでしまった。まゆちゃん曰く、あれは未知なる香りだとのこと。とても言葉では言い表せないというか言い尽くせない。あえてあえて一言で表現するとすれば、ヌバッって感じかな。いやあ新発見。うれしくないけれど。

＊

5月30日　曇り時々雨　朝7時気温12度

客室の宿泊記念帳に「坊がつる讃歌」の元歌を記し

左より松本徑夫さん，梅木秀徳さん，草野一人さん（1999.8.13）

てくださった方がいた。「坊がつる讃歌」はもともと広島高等師範学校山岳部の歌であり、この歌をもとにあせび小屋にて三人の山男たちが作詞したものと書き記されていた。

数年前、法華院からテレビで生中継するという番組があったが、その番組の目玉は、なんといってもこの「坊がつる讃歌」の作詞者である松本徑夫さん、草野一人さん、梅木秀徳さんの3人が数十年ぶりに坊がつるで再会するということであった。そしてこの歌の裏話などで盛り上がったのだった。

昭和27年、山好きで同じ山岳会に属していた3人は、夏休みを利用して1カ月もの間大好きなくじゅうにこもり、あせび小屋にてこの歌の歌詞を完成させたという。完成まで約2時間というから即興だったんだなあ。くじゅうの四季の様子を歌詞に存分に盛り込んだため9番まである。一般的に歌われるのはせいぜい4番までぐらいかな。そして26年も経ってから芹洋子の歌声によって大ヒットすることとなるのだが、草野さんはこの歌が自分たちの作詞したものであることをすっかり忘れていたという。

歌に歴史ありですね。

テレビ収録のためライト・アップされた山荘（1999.8.13）

登山客で連日賑わう（6.1）

6月

ミヤマキリシマ咲き誇り、多忙シーズン到来！

6月1日　晴れ　朝7時気温9度

明日、くじゅう山開きということで法華院はバンガローも含めて満員状態となった。くじゅう山開きは毎年6月の第一日曜日に久住山、大船山でかわるがわる行われている。

＊

6月2日　晴れ後雨　朝7時気温13度

本日、大船山でくじゅう山開き。

一体何人の人が大船山山頂に集合したのだろう。坊がつるにはパトカーも出動していたが、誰か怪我でもしたのだろうか。

未だに頭の中でうまく想像できないのであるが、山のてっぺんに数万人もの人が集まるというのは、どういった状況なのだろう。只事じゃないことだけは確かだよなあ。インドでは12人が1台のバイクに乗ったという記録があるらしいが、それと似たようなもんかな。違うか。

＊

6月3日　晴れ　朝7時気温13度

平治岳頂上付近のミヤマキリシマは山荘から見てもかなりピンク色に染まっているのがよく分かる。ミヤマキリシマ目当ての登山客で平日でも山荘は大賑わいだ。

話は変わるが今日、客室清掃の時に枕カバーについ

坊がつるにもテントの花咲く（6.2）

てふと思ったことがある。山荘客室の枕カバーには青、赤、緑などの色があるが、できるだけ同じ部屋には同じ色になるよう各部屋ごとに振り分けるようにしている。しかし時折どうしても足らないという時は、同じ部屋でも違う色どうしになったりすることがあるのであるが、ここでもし男性二人の個室に赤と青の枕があったりすると、その二人は非常に気まずい思いをしてしまうのではなかろうか。赤を選んでしまった方は自然と女性っぽくなったりしてしまうのではなかろうか。

うーん、これは気をつけなければなりませんね。こんなことで間違いが起こってしまったらと思うと、枕カバーの色一つにも気を遣わなくてはいけません。まあ、男性どうしなら問題あるにしても、交際前の男女が枕の色でポーッとなってめでたく結ばれるという可能性はあるかもしれないなあ。法華院枕の色恋物語でありますね。しかし若いカップルにはめったにお目にかかりません。

6月4日 晴れ　朝7時気温14度

平治岳の頂上付近には一面ピンク色に染まるほど咲いているようだ。登ってきた方からも非常に良かったですという声をよく聞く。

僕はとても行く時間は取れないので、法華院のベランダからボーッと眺めたり、運搬のついでに脇見運転しながらチラチラ眺めるのみである。

ここ数日、山荘で回収される空き缶の数もゴミ箱が飽和状態になるほどの超満杯状態で、アルバイトのマー君が時間の合間をみては空き缶潰しの仕事を黙々と続けている。大きなトンカチでドスッ、ドスッと力強い響きと共に、空き缶をい

平治岳山頂付近のミヤマキリシマ群落（1997年撮影）

北大船付近のミヤマキリシマ群落（1997年撮影）

ともたやすくグシャリと潰してゆくのだ。

スガモリ越コースで北千里浜を過ぎ、砂防ダム脇を降りてきて法華院が真下に見えてきた辺りで、マー君の空き缶潰しの姿が見えてくるだろう。黙々とどでかいトンカチを、無精ひげを生やした巨漢マー君が何度も何度も振りかざしているものだから、なんておっかない山荘なんだと恐れおののく方もおられるかもしれませんが、決して危害は加えませんのでご安心を。ゴミ問題、地球環境、そして明るい未来のためにトンカチを振り落としているのであります。もちろんマー君は力持ちであるから、単にやらされているだけという噂もないわけではありません。

＊

6月5日　晴れ　朝7時気温13度

今日は団体のお客さんたちで賑わった山荘であるが、そのうちの一つの団体は、食堂で円陣になりみんなで肩組んで「坊がつる讃歌」を歌い始めた。みんなノリノリ中高年である。先月は歌いながら社交ダンスを始めるという方もおられた。夕食のお箸を指揮棒代わりにしてオーケストラ風に仕立てる団体もいたっけなあ。「森のくまさん」的に輪唱される団体もおられた。みなさんバラエティに富んでますねえ。

缶潰しに励むマー君（6.4）

＊

6月6日　晴れ　朝7時気温14度

相変わらず忙しい日々で、ポリ君の散歩もなかなか行くことができない。遠くを眺めながらクンクン鳴いている姿は、少々可哀相というか、いじらしい。「ポリ君はどこですか？」と聞いてくるお客さんもかなり

背中に哀愁（6.6）

おられるようで、この犬も山荘の看板犬となってきたかな。

＊

6月7日　晴れ
朝7時気温13度

このところ暑い日々が続いている。とはいってもほとんど外に出ることはないのでお客さんからの噂であるが、昼間は真夏並みだそうだ。しかし昨日は半袖一枚で寝たのだが、朝方寒くて目が覚めてしまった。朝晩はまだまだ冷え込んでるようだ。

ここ数日は早朝から夜までほとんど立ちっぱなしで仕事しているためか、足の裏がジーンとしびれたようになっている。

＊

6月8日　晴れ　朝7時気温11度

多忙期間に突入して約2週間。睡眠時間はとりあえず5時間は確保できているものの、起きてすぐ仕事を始め、晩までずっと仕事というのはやっぱ辛いもんだ。

しかし世の中、一年中こんな感じに忙しいという会社もあるんだろうなあ。たぶん。

＊

6月9日　晴れ　朝7時気温13度

日中は暑いようですね。玄関では記念スタンプを押しながら「すみません、すみません」と謝り続けていた方がおられたそうだ。暑さにまいってんのかな。

ワールドカップ・サッカー日本対ロシアの試合があるということで、夜8時半過ぎから食堂のテレビの周りをズラリと

W杯の日（6.9）

お客さんが取り囲み、観戦が始まった。後方の方々はテーブルの上に椅子をのせてまるでスタンド気分のようだ。日本がゴールを決めた時はさすがにみなさん拍手喝采大興奮であったが、これほど中高年揃いのサポーターだらけという状況もめずらしいのではなかろうか、と見渡してふと思った。体にペインティングする人がいるわけでもなく、もちろん青のユニフォームなど着ている方もなく、頭の薄い方々がズラリとテレビを囲んでいる。黄色い声援は皆無。まあ、みなさん登山客だから当然だろうけれど、応援歌に「坊がつる讃歌」は不釣合いだと思います。

＊

6月10日　晴れ後雨　朝7時気温16度

夕方から久々の雨。この2週間ほとんど雨は降らなかった。先週夜中に大雨が降ったのみで、これほど晴れが続くミヤマキリシマのシーズンというのはとてもめずらしい。お客さんからも「いつもこの時期は登山道がぬかるんでいるのに、今年はとても歩きやすかった」という声が聞かれた。

話は変わるが、トイレである。

女性スタッフたちは毎日交代でトイレ掃除をしているのであるが、お客でごった返すこの時期のトイレはすさまじいものであるらしい。これがまた謎が多いとのこと。扉を開けた瞬間、すぐさま閉めたくなるような光景がそこには広がっていることが多いという。

今日はまゆちゃんの当番（6.10）

まず、どうしてこのようになってしまったか解明不可能な汚され方として、前面の壁にしぶきが散っていることがあるという。これは一体どういうことだろう。勢いがありすぎたのか。

またある日のトイレでは、トイレット・ペーパーの芯を四つほど縦にイタリアのピサの斜塔のように積み重ねて置いてあったという。

山小屋に対する要望の中でトイレの清潔さは常にトップ3に入る。法華院のトイレは山小屋の中では1、

1999年，巨大パンツ出現

2位を争うほどの清潔さであるが、このようなトイレの摩訶不思議現象と争いながらも、日々トイレをぴかぴかにしてくれている女性スタッフに感謝感謝である。

＊

6月11日　雨後曇り　朝7時気温20度

　昨日の夕方からずっと雨が降り続き、山荘の乾燥室も色とりどりのカッパで非常にカラフルなる室内に変貌していた。従業員部屋から厨房へ向かうにはこの乾燥室を通っていかなければならないのであるが、いつだったか、おばちゃんの下着にぶち当たったことがあった。下着がどうのこうのという趣味はまったく無いということをあらかじめ断っておくが、これはおばちゃんの恥じらいが無さすぎるということが引き起こした、いわゆる衝突事故なのでありますね。みなさんがカッパを干している中に堂々と下着を干しておられるとは、なんとも図太い神経というかなんというか、うらやましい神経の持ち主であるわけですね。決して見習いたくはないけれど。

　もしも下着が顔にぶち当たった瞬間に、そのおばちゃんが現れたらどうすればいいのだ。ハハハッと笑ったりしたらそれは変質者であるし、かといってまじめな顔してパンツを顔にくっつけてたらもっと変質的である。こんなことで警察に連れて行かれたくはないのだ。みなさん、下着はこっそり干しましょう。特に女性の方々。ちなみに本日もおばちゃんの下着が干されていたのをよっちゃんが発見。

　数年前、乾燥室に驚くべき巨大なパンツが出現したことがあった。これは男性用である。しかも干されていたのはそのパンツ一つだけであったから存在の大きさは計り知れず、まるでパンツに呑み込まれそうな錯覚を覚えるほどであった。一体誰がこんな巨大なパンツを干していったというのか。しかもその日はキャンプ用の薪を乾燥室で乾かすという日であったため、ストーブの周りにずらりと薪を並べたのであるが、ストーブの真上に巨大なるパンツが堂々と吊るされており、ストーブに点火するとこれは巨大パンツを神と崇める宗教的儀式のようであった。

その日の夕方、驚くべき巨体の白人男性がノッソノッソやって来てそのパンツを持ち帰っていった。なるほどなるほど、外国人だったんだな。自分のパンツが神と崇められていたとも知らずに、その巨体白人男性は再びノッソノッソと坊がつるへと去っていった。あれはもしかすると天狗かもしれん。天狗パンツか。

＊

クサイチゴ（6.12）

6月12日　晴れ　朝7時気温17度

大船林道でクサイチゴ発見。坊がつるにはカッコウの鳴き声がたえずこだましている。夜になるとキーキーと、ブランコの揺れるような寂しいトラツグミの鳴き声も聞こえてくる。

よっちゃんは携帯電話のメール受信の音をハト時計に設定しているのであるが、近頃このハト時計の音とカッコウの鳴き声の区別がつかなくて困っているそうだ。山ならではですねえ。

＊

6月14日　晴れ　朝7時気温18度

久々に休み時間を長くとることができたため、ポリと共に三俣山登山。ポリも久々の長距離散歩となるので狂ったように走り回っていた。

スガモリ越から登ってゆくと、徐々にミヤマキリシマのピンク色が目立ち始めるが、さすがにピークは少々過ぎているようである。虫の被害が顕著な場所もあったが、比較的よく花をつけている。頂上付近はまだまだピンク色健在である。写真の被写体としては幾分

三俣山のミヤマキリシマ（6.14）

ワタナベさんと（6.16）

物足りないものの、一登山者として楽しむには充分ではないだろうか。しかし風が強かった。ポリは目を開けているのも辛そうにしょぼしょぼさせて、泣き出しそうな顔をしていた。ポリの顔の部分は黒い毛で覆われているが、この頃白髪が目立つようになってきた。精神年齢は極端に若いようであるが、彼も歳なのであるなあ。

＊

6月16日　晴れ　朝7時気温12度

山荘には宿泊１００回を先日達成したワタナベジュンさんが来荘していた。去年定年退職を迎え、金がない金がないとボヤきながら、なんとかカミさんからお金を頂戴しながら、先日めでたく宿泊１００回を達成したのだ。ジュンさんのベストの裏にはマジックで「hokkein 宿泊１００回記念」と書かれている。ほかにも数種類ベストを持っているのであるが、来荘した有名人のサイン、山荘従業員寄せ書き等々、まさに法華院フリークとしての貴重なるお宝ベストを持っているわけなのである。

またジュンさんは、週に2、3度は法華院に電話してくるのであるが、電話を取るといきなり「なんしよーとー?」と名前も名乗らず問いかけてくる。この「なんしよーとー?」はジュンさんにとっての「もしもし」なのである。もうスタッフみんな慣れてしまったから、「なーんだまたか」とか言ってこちらも適当にからかって非常に待遇悪く接しているのであるが、それもジュンさんにとってはとてもうれしいことのようである。こちらもしばらくジュンさんから電話がないと、果たして達者なのであろうか、と心配してしまうのである。まるで寅さんのようであるな。

＊

6月17日　晴れ　朝7時気温12度

とても暑い日であった。山でこれだけ暑いということは下界はもはや真夏日ではないかと思っていたら、日田では30度を超えたとテレビが伝えていた。まだまだ山は涼しいほうなのだ。

本日の受付で、高年の男性の方が宿帳に記入をしながら「ムムムッ、ムムムムッ、ムムムムムッ」となにやら唸っていた。なんだなんだ、と思いきや、「公務員のムの字が分からん！」とのことだった。職業の欄は、「公」で止まっている。すかさず連れの男性が、「こうじゃろうが、まったく」と言って「公ム員」とカタカナで付け足していた。公務員の方が務めを忘れるのも問題でありますが、ほほえましい光景でありました。

食堂では8人程のお客さんがテーブルを囲み、俳句会が行われていた。ちょいと聞き耳をたててみると、「万歩計　つけて春山　登山口」などといった俳句を真剣な表情で次々と発表している。うーん、いまいちですなあ。

＊

6月18日　晴れ　朝7時気温18度

早朝、朝日がまぶしく坊がつるを照らし、久々に撮影意欲が湧いてきた。きらりと光る鳴子川の水、風に波打つ坊がつるを撮影。しかしこんなぎらぎら光る朝になると、たいてい昼には天気は崩れる。するとやはり昼から雨。本格的な梅雨入りだろうか。

今日も休み時間はすべて昼寝に費やしてしまった。寝過ぎで少々体がだるい。体の奥のほうにはまだ疲れが残っているのだろう。夢の中でまた受付をしていた。今回の夢は、お客さんが到着すると、「お着きぞなもしー」と着物姿のよっちゃんが出迎え、部屋まで案内するというものであった。この夢はおそらく今、漱石の『坊っちゃん』を読んでいるからだろう。すぐさま影響される単純な脳みそである。「……もし」というのは昔の松山弁だ。

＊

6月20日　雨後晴れ　朝7時気温18度

朝方まで降り続いた大雨は午前中でやみ、分厚い雲

こんな日はたいてい昼から雨（6.18）

年に数回水を湛える雨ケ池（6.21）

の小さな隙間から太陽光線が控えめに差し込んでいた。しかし大船山はずっとガスの中。三俣山の頂上付近のミヤマキリシマも色がだいぶ褪せてしまったようだ。

＊

6月21日　曇り時々雨　朝7時気温17度

梅雨らしく今日も降ったりやんだり。三俣山頂上にわずかにピンク色が残っている。今年も終わったなあ。ほんの数日前まで登山客でごった返していた食堂はがらんとして、とてつもなく広大な空間に見える。

お客さんから雨ケ池にかなり水が溜まっているという情報を聞きだし、早速ポリを連れて出発。雨ケ池が池らしく水を湛えているのは、1年のうちでもそうそう見られるものではない。まして大雨が降った後であるから、今日などはかなりの水嵩ではないだろうか。雨も風も少々という今日などは絶好の撮影チャンスであるのだ。

頭上で葉っぱが雨を受け止め、心地よいポタポタ・サウンドが四方を包み込む。微風がしずくの乗った葉を控えめにサヤサヤと揺すっている。風情、風流といった言葉がこの空間にはあちらこちらに散らばっている。梅雨という時期はじめじめして付き合いにくい季節ではあるが、こうやっていざ外へ出てみると、なんとも味わい深い季節であるなと思う。なんとまあジジ臭いと言われそうであるが、昔から雨と共に暮らしてきた日本人にとって、この雨の独特な静かなる味わいというのは本能的に感知されるものではないかと思う。

雨ケ池は見事な池と化していた。ポリが早速バシャバシャと水遊びを始める。この犬は水をまったく恐れないという長所があるが、こうもバシャバシャされると、水面がゆらゆらしてなかなか撮影できないではないか。仕方なく、ポリが遊び飽きるのをしばし待ってから撮影。すると、ガスが白いレースのカーテンのように池を覆い始め、幻想的な光景を演出してくれた。

カナブンを二匹発見。鮮やかな深緑だ。そういえば四国ではカナブンのことをブイブイと呼んだりしていたのだが、こちらでそんな呼び方をすると笑われる。ブイブイのほうが愛嬌があっていいと思うのだけれど。

坊がつるのコケモモが5分咲き程となっていた。ポリは泥んこ。

＊

6月22日　晴れ　朝7時気温16度

さて、今日は発表しなければならないことがあります。

実は僕こと川上信也は、今月をもって法華院を去ることとなりました。いわゆる卒業ですね（中退かな）。法華院に住み込んで5年少々、ちょっと長過ぎたようにも感じますが、ここらで下界に復帰しないとエライことになってしまいそうな予感がするのです。去年あたりから一応の準備はしていたのですが、この日記の読者の方々からの温かいメッセージなどに励まされつつ、ここまでくることができました。みなさんには本当に感謝しております。ありがとうございました。

大好きなポリともお別れ。辛い。

それではラスト1週間、みんなと一緒に楽しもうと思います。

＊

6月23日　晴れ後曇り　朝7時気温15度

僕が山荘を去るということで、いつも楽しい音楽付きメールを送ってくださる首藤さん夫婦が来荘。非常にうれしかったです。頂いたカラフルな靴下はしばらく飾っておきます。写真に収めて。

首藤さんは僕の親と同年代のようで、僕と同い年の息子さんがおられるとのこと。しかもアジア各国を放浪して親をとことん心配させているというから、こりゃあ誰かととっても似ておりますねえ。はい。

ほんとうにありがとうございました。

昨日は可愛い可愛い（最後だからホメとこう）女性

首藤さんご夫妻と（6.23）

黒木さん（6.23）

スタッフたちから、アジアン・テイストのやわらかい光を発するスタンドとすだれを餞別ということで頂いた。そういえば、まゆちゃんが体ほどもある大きな荷物をエッチラオッチラかついでたなあ。あれはすだれだったんだねえ。一生の宝物にします。

そして夕方、なじみのお客さんである理容師の黒木さんより電話。仕事柄情報の伝達は非常に早いとのこと。なるほどなるほど。黒木さんは毎度非常にユーモラスな手紙と作品を送ってくださるのであるが、それらの作品は〝黒木箱〟と称する箱に大切に保管している。法華院の彫刻もあったし、パズルもあったなあ。こちらも宝物にいたします。ありがとうございました。しかし黒木さん、僕がいないくじゅうにはもう用はないからと言って、くじゅうを更地にしてくれというお願いは無理であります。

とにかくみなさんのありがたい気持ちに感動しています。

＊

6月24日　雨　朝7時気温13度

一日中雨。

お昼の休憩時間で部屋の片付けをする。5年以上も世話になった部屋だ。愛着があるんだよなあ。初めの1年は今のように大量のポジのストックもなく、ガランとしていて、暇さえあれば坊がつるへ写真撮影に行ったり、机に向かってワープロをカチャカチャやっていたっけ。Eメールなんてものの存在すら知らなかったっけなあ。

それから3年が経ち、通信状態の悪さは相変わらずであるが、携帯電話の性能

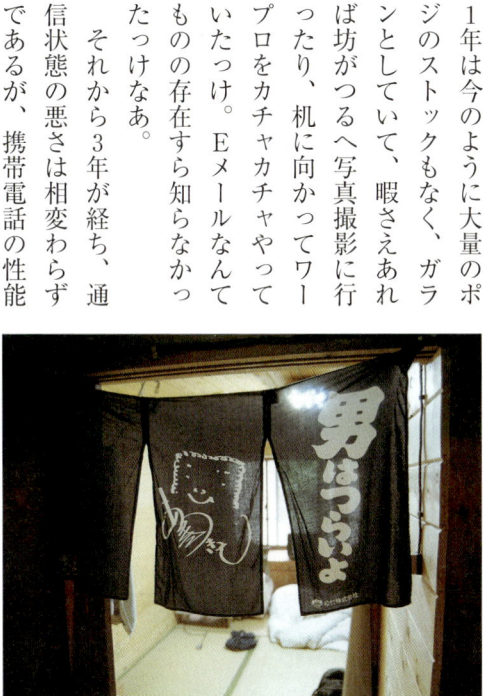

マイ・ルーム入り口（6.24）

の向上のおかげでなんとか雑音は消え去り、車載用アンテナを取り付けると、かなりの広範囲で通信可能となった。僕はその頃パソコンを購入し、なんとかホーム・ページ開設にまでたどりついたのが２００１年の３月。

そんな苦労の甲斐があってか、みなさんと知り合えることができたのでありました。

部屋の片付けをしながら、様々な苦労や思い出が脳裏のスクリーンに鮮明に映し出されてきた。ニタリニタリと笑みを自然と浮かべている自分に気が付いたので、きっとみんないい思い出ということなんだろう。

＊

6月25日　雨　朝7時気温14度

通信部屋でよっちゃんの油絵を撮影。この通信部屋は以前、よっちゃんのアトリエでもあったのだ。油絵3枚と段ボールの切れ端に書いたという木々の絵を撮影。いずれこのホーム・ページで「よっちゃんギャラリー」増設予定であります。

その通信部屋の下は物置なのであるが、なにやら物音がしている。ウッホウッホとなにやら苦しそうだ。やってますねえ。さて、何の音でしょう。法華院裏の砂防ダムには夜中に怪しい人影が出没して縄跳びをピュンピュンやっているということは以前の日記で書いたが、ここ数カ月程、この砂防ダムの急坂には昼間に非常に怪しい人間が出没している。その人間は肩にでっかいバーベルを背負い、ヒゲから汗をダラダラと流し、ウッホウッホ唸りながら世界中の罪を背負ったかのようなしかめ面で急坂を行ったり来たりしているのだ。

よっちゃんの油絵
「坊がつる」（6.25）

この男性、怪しい人物ではございません（どう見ても怪しいですけど）。法華院スタッフの安永クンであります。決して遅刻したバツとかイビリ上司から根性を叩き直されているのではございません。彼はこの秋に北アルプス大縦走を予定しているようで、そのトレーニングというわけなのです。目撃された方もおられるのではないでしょうか。登山客から挨拶されると、とりあえず返しているようですが、必死のトレーニング中であるため笑顔は非常にぎこちないかもしれません。声をかける登山客も勇気がいるでしょうけどね。

今日は雨であるため、物置でウッホウッホ・トレーニング中というわけなのだ。

しかし法華院裏の砂防ダムには昼夜問わず変人が出没しているということになる。僕はひそかに〝変人ダム〟と命名している。ストレートなネーミングで気に入っている。

＊

6月27日　晴れの後曇り　朝7時気温13度

昨日の夜中12時頃、上空には星が輝いているにもかかわらず坊がつるにはガスが舞い始め、しばらくすると大船山、立中山を覆い隠してしまった。するとガスの隙間から月が現れ、坊がつるに溜まった怪しくうごめくガスを蒼くぼんやり照らし始めた。どろどろの蒼い液体が坊がつるという巨大鍋で料理されているようだ。

上空は風が強いようで、自由気ままに形を変えるガスが月光を時々遮りながら横切ってゆく。月光に透かされたガスは、巨大なハリケーンのような渦状であったり、オドロオドロしい握りこぶしのようであったり、はたまたやさしい白鳥のようであったりと、月光の前で巨大なる影絵ショーを観ているようで楽しい。こういった光景をぼん

ガスに覆われる大船山（左）と立中山（6.27）

坊がつるにもガスが舞う(6.27)

やり見ていると、自然というのはあらゆるものを包み込んでくれる優しいもんなんだなあと思えてくる。自然界は弱肉強食だとかいわれるけれど、もっと寛容なる力が作用しているんじゃないのかなあ。

そんな思いを抱かせる月光とガスの舞台を数枚撮影。

朝は天気がいいということで久々に5時に起床し、撮影に出発。当然ポリも同行。昨日の夜の名残かのように三俣山上空にはガスが舞っている。ポリは朝露に濡れる草原の中を走り回ってびしょ濡れだ。洗車したみたいだな。

しばらく明け方の坊がつると山々を撮影し、マクロ・レンズに取り替えて朝露の表情を撮影。葉っぱの一つ一つにはびっしりと水滴が並んでいる。時々、葉っぱの上を滑り台のようにツーッと落ちてゆく。マクロ

の世界ではそんなことが冒険的に見えてしまう。カッコウの鳴き声に反応しているようにも見えるなあ。すると、丸まった葉っぱの中で眠っている昆虫を発見。水滴ほどの小さな黒い虫だ。マクロ・レンズでお宅拝見。朝日がまだ射してこない葉っぱの中はやわらかい緑色にボワンと輝き、その周りを銀色に輝く真珠のような水滴がきれいに羅列して取り囲んでいる。なかなかすばらしいインテリアじゃあないかい。僕の部屋の参考にしたいもんだ。

しばらく撮影していると大戸越辺りから朝日が顔を見せ始めた。すると、水滴たちは魂を得たかのように一つ一つが輝き始め、坊がつる全体が目を覚ましたかのようにキラキラが広がってゆく。

虫くんの家の水滴も明るい１００ワット電球のよう

マクロ・レンズでお宅拝見(6.27)

くじゅう連山を映す鳴子川（6.27）

にスイッチが入り、家の中はまぶしい黄緑色に照らされ始めた。ごそごそと動いている。やっと目が覚めたか。寝起きを数枚撮影。

すると、玄関前にハンミョウが降り立った。ハンミョウは小さな昆虫であるが、マクロの世界では巨大生物だ。ハンミョウは水滴電球を壊しまくってすぐさま飛び去っていった。インテリアも台無しじゃあないかい。ハカイダーであるな、やつは。まあ、明日にはまた電球は再生されてるだろうからね。

ポリは草の上に寝っ転がって朝寝していた。顔もびしょ濡れだな。水も滴るイイ老犬だ。

ポリとこうやって朝の冒険を楽しむのも残りわずかだなあ。

ということで、夕方再びポリの散歩。砂防ダム付近をウロウロ。

＊

6月28日 曇り 朝7時気温18度

お昼過ぎの休憩時間、ポリとよっちゃん連れてキャンプ場まで散歩。

キャンプ場でしばらくポリの「呼んだらすぐ来る」訓練開始。ポリは僕の声には反射的に反応し、遠くからでもすぐ戻ってくるのであるが、人によってはまったく反応しないため、よっちゃんの声には果たしてどうだろうとやってみたのだ。よっちゃんとヒロエちゃんはポリに脱走された経験はないので大丈夫だろうけれど、一応念のためということ。

早速、スタスタ前方を歩くポリに向かってよっちゃんが「ポリ！」と呼んでみる。すると、ジワリと振り向きよたよたと戻ってくる。しかも途中でオシッコしたりしている。それでもなんとかよっちゃんの元までちゃんと戻ってきた。ちょっと鈍いけどね。お手本という

ポリの訓練中（6.28）

ことで今度は僕が「ポリ！」と呼んでみる。すると、ポリは何か見えざる力でグイッと首を引っ張られるかのようにピクンと振り向き、駆け足で戻ってくる。やっぱ散歩キャリアの違いですかね。よっちゃんは何度か試してみたが、まあ鈍いけどとりあえずは戻ってくるからOKかな。

よっちゃんは、以前ポリの隣りに住んでいたビーグル犬アイの散歩によく行っていた。ポリもよろしく頼むよ。

＊

6月29日　雨　朝7時気温15度

山荘には相変わらずカマドウマが大発生しているが、インターネットで調査したところ、このカマドウマは日本には20種類以上もいるらしく、ここに出没するのはマダラカマドウマと本物（というのかな）のカマドウマらしい。下界ではめったにというか見たことないんだけれど、果たして山以外に棲息しているのかな。とにかく山荘には大発生している。昨日は女風呂にトコトコ侵入してきたらしく、ピョンピョン飛び跳ねてお湯にジャバンとダイビングしたそうだ。目撃したよっちゃんの話によると、あれは自殺だろうとのこと。カマドウマも厳しい現実を憂いているのかもしれませんなあ。

＊

6月30日　雨　朝7時気温15度

法華院最後の夜。

とりあえず荷物を林道終点の車に詰め込み、明日の早朝法華院を発つ。ということで、今日はよっちゃんにも手伝ってもらって法華院マイ・ルームの最終的片付けなのだ。すると、フィルム・ケースが部屋のあちこちに散らばっていた。なるほどなるほど、早朝などは大急ぎでカメラにフィルム装填してたりしたから、ケースはそのまんま放り投げて転がっていたのであるな。ざっぱなる性格なのである。

フィルム・ケースにはよっちゃんは子供の頃苦い思い出があるらしく、ある日、よっちゃんのお兄ちゃんが「これプレゼント」と言ってフィルム・ケースを渡されたそうだ。なんだろうとキャップを開けてみると、モワーンと気絶寸前の香りがよっちゃんの顔面を覆ったそうだ。そのフィルム・ケースの中身は、なんと兄

蛍光緑色の名札が誇らしげなポリ（6.30）

ちゃんのおならだったわけですね。可愛い妹のために兄ちゃんは小さなケースにびっしりとおなら香を詰め込んでプレゼントしたのですね。こんな使い方もあるんだなあ。いやいや、感心してはいけません。

最後の神聖なる夜におならの話なんぞで盛り上がってはいけんいけん。

夕方は雨の中、ポリの散歩。ポリへのプレゼントということで蛍光緑色の名札を首輪に付けてやった。なかなか可愛いぞ。くじゅうの山中で首にキラキラ光る黄緑色の名札を下げた白黒牛型模様の小型犬を見かけたら、それはポリ君です。可愛がってやってください。

ポリを膝の上に乗っけて、坊がつるの大石の上からしばらくボーッと風に揺れる坊がつるを眺めた。ポリとは5年以上の付き合いか。あの山もこの山も登ったなあ。日が暮れて真っ暗になったこともあったなあ。早朝から大船に登ったこともあったし、夏など毎日のように坊がつるで遊んだっけ。ほんと世話になったポリ君。何度もお礼を言ったけど、分かってくれてるかな。みんなに可愛がられるんだぞ。達者で長生きしろよ。もう年なんだからハシャギすぎないように。

＊

山からの日記は今日で終わりです。約1年、ほぼ毎日書いてまいりましたが、楽しんでいただけましたか。くじゅうでの生活、山小屋での生活がよく分かっていただけたのではないかと思います。この日記を読んでくださる方々は僕の心の支えでありました。ほんとうにありがとうございました。感謝の気持ちでいっぱいです。

それではみなさん、坊がつる日記終了！　素晴らしい坊がつるLifeをありがとう。

完

さらばくじゅう連山，坊がつる（6.30）

あとがき

写真に熱中しはじめた頃、休暇になるとすぐさま外国へと飛び出し、とにかくあらゆる人、物に向かってシャッターを押しまくっていた。アジアの喧騒、パワーに比べると、坊がつるの静けさはあまりにも退屈で、山々にレンズを向けることはほとんどなかった。20代半ばの頃というのは、えてしてそういうものだろうと思う。それが2年もすると、徐々に坊がつる、そしてそれらを囲む山々の魅力にとりつかれ、シャッターを押しまくるのを休暇中から休憩中へと変更した。たまたま選んだ仕事場の周囲は被写体の宝庫だったのだ。仕事が一段落すると、カメラをかかえて坊がつるへと駆け出し、時間があれば山々へも駆けてゆく。日々表情を変えてゆく大自然の姿、はっきりと体感できてしまう四季の移ろい。あまりにも魅力的なのだ。そのうち山荘で飼われていた雑種犬・ポリ君と撮影行を共にするようになり、彼は三脚をチラリと見かけただけでお供させてくださいと大ハシャギするまでに成長(?)した。

くじゅう山中で写真ばかり撮っている変なやつがいるということで、大分の写真家・竹内康訓氏の目にとめていただき、写真のアドバイスをはじめ、時には仕事までいただくようになった。「大分合同新聞」での連載も先生の紹介によるもので、本文中の季節の扉の文章はその連載時に書いたものである。

２００１年には悪い電波状況に苦心しながらもホーム・ページで写真館を開館し、そのおまけで書き始めたのが「坊がつる日記」である。決して山男ではない街の人間が体験し

た山小屋生活。堅苦しい登山論や自然論にはほとんど触れず、日々の山生活で感じたこと、体験したことをカフェで誰かとおしゃべりしている感覚で書いていったのだが、それがよかったのか読者が予想以上に増え続け、全国のくじゅうを愛する方々との交流を深めることとなった。

２００２年６月、５年３カ月ぶりに街生活に復帰したのであるが、山で、そしてホーム・ページで知り合った方々とは現在でも楽しくお付き合いさせていただいている。アクセス数も２年で10万件を超え、「くじゅうに行ってきました」という方々からはくじゅうの表情やポリの写真が送られてきたりして、時に僕は涙ぐむ。

山荘は年々改装され変化しつつあるようであるが、２００１年から２００２年にかけて、坊がつる横の山小屋ではこのような暮らしをしていた人たちがいて、ポリが山々を駆け巡り、そしてこれから先も変わらないであろう魅力的な山々があの時も目の前に聳えていた、ということをこの日記から感じていただければと思う。

最後に、イラストを担当していただいた元法華院スタッフのしきよしこさん、海鳥社編集部の方々、そして法華院温泉山荘の方々に深く感謝申し上げます。

２００３年４月　ふるさと松山行きフェリー船室にて

川上信也

朝焼けの坊がつる（７月）

2001年10月，ポリと

川上信也（かわかみ・しんや）　1971年，愛媛県松山市に生まれる。1997年４月―2002年６月，大分県くじゅう・法華院温泉山荘に勤務。傍ら写真活動を開始し，くじゅうの山々を撮り続ける。新聞などで作品を発表する一方，2001年にはホーム・ページにて写真館を開館。多くの写真と共に山小屋での日々の日記を１年にわたり書き続ける。2002年７月下山後は，フリー・カメラマンとして活動中。福岡市在住。
「くじゅう写真館」http://www5b.biglobe.ne.jp/~kawashin/
E-mail/shinyada@mua.biglobe.ne.jp

坊《ぼう》がつる山《やま》小《ご》屋《や》日記《につき》
くじゅう法《ほつ》華《け》院《いん》温泉《おんせん》の12カ月《げつ》

■

2003年５月25日第１刷発行
2003年10月６日第２刷発行

■

著者　川上信也
発行人　西　俊明
発行所　有限会社海鳥社
〒810-0074 福岡市中央区大手門３丁目６番13号
電話092(771)0132　FAX092(771)2546
http://www.kaichosha-f.co.jp
印刷　瞬報社写真印刷株式会社
製本　日宝綜合製本株式会社
ISBN4-87415-439-5
［定価は表紙カバーに表示］